1 Richtig brennen – Grundlagen korrekten Brennens 6

2 Musik aufzeichnen – Von der Schallp

3 Media Player – Medienbibliothek verwalten 45

Thomas Hoffmann
Herausgeber

Zu diesem Buch

Moderne Computer mit DVD-Brenner sind eigentlich die idealen Kopiermaschinen. Doch das Urheberrechtsgesetz setzt seit der Novellierung im September 2003 deutlich engere Grenzen für das Kopieren von Filmen und Musik. Daß sich Raubkopien, die aus Internet-Tauschbörsen stammen, weder mit altem noch mit neuem Recht vertragen, dürfte selbst der Gutgläubigste nicht bezweifeln. Die geänderte Gesetzeslage gibt aber der Musik- und Filmindustrie die Mittel in die Hand, gegen die Nutzer solcher Börsen vorzugehen.

Weniger einsichtig dürfte für viele die Beschneidung des Rechts auf Privatkopien selbstgekaufter Musik-CDs und Film-DVDs sein. Aber auch hier ist die Gesetzeslage klar: Sind diese Medien mit einem Kopierschutz versehen, darf dieser nicht aktiv umgangen werden. Soll heißen: Der Einsatz von sogenannten Kopierschutzknackern ist illegal. Diese sind ohnehin in Deutschland nicht mehr legal erhältlich. Und inzwischen sind die meisten Film-DVDs und viele Musik-CDs kopiergeschützt.

Trotzdem bleiben genug Themen für ein Buch über das Brennen und Kopieren von Musik und Filmen übrig. Zum Beispiel das Kopieren nichtgeschützter Scheiben. Oder das Überspielen von alten Schallplatten auf den Computer und von da auf CD. Außerdem lesen Sie, wie Sie Filme von der Videokamera auf DVD brennen. Oder wie Sie Ihre eigenen Musik-CDs brennen - mit Songmaterial aus legalen Quellen wie Internetradio oder Musikshops im Internet. Und schließlich erfahren Sie auch, wie Sie Ihre Fotos von der Digitalkamera als Diaschau auf CD bringen.

Alle Anleitungen in diesem Buch lesen Sie, wie von COMPUTERBILD gewohnt, in leicht verständlicher, sofort nachvollziehbarer Schritt-für-Schritt-Form. Auf die Erklärungen der Fachbegriffe müssen Sie ebenfalls nicht verzichten. Erläuterungen zu den im Text rot markierten Ausdrücken finden Sie jedoch nicht wie in COMPUTERBILD direkt in einer Extra-Spalte am Seitenrand, sondern alphabetisch geordnet als Anhang am Ende des Buchs.

1 Grundlagen korrekten Brennens

In fast allen Computern ist heutzutage ein CD-Brenner oder ein DVD-Brenner eingebaut. Das gilt mittlerweile sogar für Notebooks. Und zur Programmausstattung gehört zumeist auch ein Brennprogramm. Selbst im Betriebsprogramm Windows XP ist eine Brennfunktion integriert. In der Regel sind die beigelegten Programme allerdings abgespeckte Varianten der Vollversionen, und die Brennfunktion von Windows ist wohl eher eine Verlegenheitslösung, die es Ihnen gestattet, mal eben Daten oder Musikdateien auf CDs zu bannen.

Um Daten, Musik und Videos „richtig“ auf CD oder DVD zu brennen, benötigen Sie entweder mehrere Spezialisten oder ein Vollprogramm, das alle Dateiformate abdeckt. Ein solches Programmpaket ist „Nero 6 Reloaded“, das im folgenden als Beispiel dienen soll.

Im ersten Kapitel dieses Buches erfahren Sie,
- wie Sie mit der Windows-Brennfunktion Daten auf CD bannen,
- wie Sie mit dem integrierten Media Player eine Musik-CD brennen,
- welche Brennprogramme welche Dateiformate korrekt brennen,
- wie Sie das Brennprogrammpaket „Nero 6 Reloaded“ installieren
- und welche Aufgaben die Anwendungen von Nero übernehmen.

Kapitel-Wegweiser

Brennen mit der Brennfunktion von Windows XP

Das Betriebsprogramm Windows XP bringt von Haus aus schon ein Brennprogramm mit. Damit lassen sich beliebige Dateien ohne zusätzliches Hilfsprogramm auf eine beschreibbare **CD** brennen. Das Programm kann zur einfachen Datensicherung dienen, jedoch keine speziellen Dateiformate brennen.

> **! Benötigter freier Speicherplatz zum Brennen**
>
> Sie können nur dann Dateien mit Windows auf einen **Rohling** brennen, wenn auf Ihrer Festplatte noch genügend Platz ist. Windows reserviert für die Dateien vorübergehenden (temporären) Speicherplatz. Für eine CD sind das im Normalfall ungefähr 700 **Megabyte** des freien Speicherplatzes. Falls Sie einen Rohling mit hoher Kapazität (meist 800 Megabyte) verwenden, reserviert das Betriebsprogramm ungefähr 1 Gigabyte des verfügbaren freien Speicherplatzes.

Daten auf CD brennen

Die Windows-eigene Brennfunktion versetzt Sie in die Lage, ohne Zusatzprogramme Dateien auf eine CD zu brennen. Die folgenden Schritte sind dafür nötig:

1 Legen Sie zunächst eine leere, beschreibbare CD in Ihren CD-Brenner ein. Kurze Zeit später wird das Aufgabenmenü des Laufwerks angezeigt, in dem der **Ordner** für die Dateien bereits markiert ist:

Bestätigen Sie den Vorschlag mit einem Mausklick auf die Schaltfläche

.

Daraufhin wird der leere Ordner der beschreibbaren CD eingeblendet.

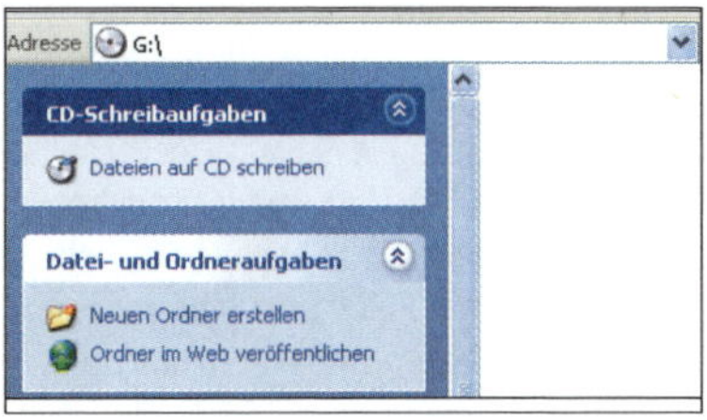

2 Jetzt wählen Sie die Dateien aus, die auf CD gebrannt werden sollen. Dazu öffnen Sie per Doppelklick auf das Symbol den Ordner mit Ihren eige-

Urheberrecht und Kopierschutz unbedingt beachten!

Im seit September 2003 geltenden Urheberrechtsgesetz wurde unter anderem das Recht aufs Kopieren für den privaten Gebrauch neu geregelt.

Die wichtigsten Gesetzespunkte: Das Umgehen oder „Knacken“ von Kopierschutzmaßnahmen auf Musik-CDs, VHS-Kassetten, DVDs und anderen „Trägermedien“ ist nicht gestattet. Der Verkauf, die Verbreitung und der Einsatz von Programmen, zu deren Aufgabenspektrum es gehört, einen Kopierschutz zu umgehen, sind in Deutschland damit verboten. Auch wenn solche Programme noch übers Internet zu erhalten sind!

Außerdem dürfen keine Kopien von „offensichtlich rechtswidrig hergestellten Vorlagen“ angefertigt werden. Dieser Gesetzespunkt richtet sich vor allem gegen das Kopieren von Musik oder Filmen aus Internettauschbörsen.

Daher versteht es sich von selbst, daß Sie nur Kopien von Medien anfertigen dürfen, für die Sie selbst die entsprechenden Kopierrechte besitzen. Auf keinen Fall ist es erlaubt, einen Kopierschutz aktiv zu umgehen! Wenn Sie zum Beispiel eine Musik-CD oder eine Film-DVD gekauft haben, dürfen Sie nur dann eine Sicherungskopie dieser CD/DVD anfertigen, wenn die Scheibe keinerlei Kopierschutz aufweist. Achten Sie dabei auch auf die Beschriftung der CD-Hülle, da hier der Kopierschutz meist ausdrücklich erwähnt wird.

Nach der 2003 in Kraft getretenen Novelle des Urheberrechtsgesetzes sind Musikfirmen in Deutschland zur Auszeichnung kopiergeschützter CDs verpflichtet. Die Firmen sind dieser Aufforderung gefolgt, allerdings ist die Form der Kennzeichnung nicht vorgeschrieben. Die Deutsche Phono-Akademie hat ein als Warenzeichen geschütztes Copy-Control-Logo. Viele kopiergeschützte CDs sind mit diesem Logo gekennzeichnet. Kopiergeschützte CDs können aber auch anders kenntlich gemacht sein.

TM

Das Kopierverbot gilt übrigens auch dann, wenn es mit erlaubten Programmen möglich erscheint, die CD/DVD doch zu kopieren. Und auch bei Videobändern, die mit einem Kopierschutz – beispielsweise Macrovision – gegen unerlaubte Vervielfältigung geschützt sind, sollten Sie darauf achten, daß dieser Schutz nicht unterlaufen wird, auch wenn dies mit digitalen Systemen einfach erscheint.

macrovision®

Urheberrecht und Kopierschutz unbedingt beachten!

Ob die Analogkopie auf Dauer den Ansprüchen des Urheberrechts genügt, muß sich in der Rechtsprechung erweisen. Solange dies nicht einheitlich geklärt ist, sollte davon ausgegangen werden, daß das Verbot der Kopie auch für die Digitalisierung von VHS-Filmbändern gilt, die beispielsweise durch Macrovision vor einer Kopie geschützt sind. Deshalb sollten solche Filme selbst dann nicht auf den PC kopiert werden, wenn dies technisch problemlos möglich erscheint.

Bei gekauften Musik- und Filmdateien aus dem Internet sollten die Rechte der digitalen Vervielfältigung in jedem Fall genau angegeben sein und eingehalten werden.

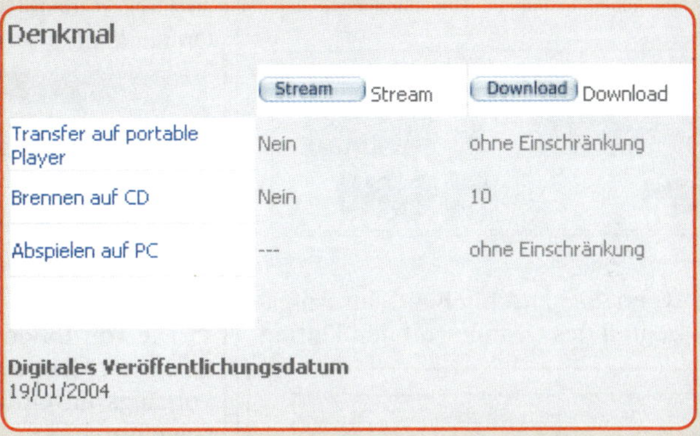

Neue Systeme des digitalen Rechte-Managements (DRM) sorgen für die automatische Überprüfung, so daß der Käufer beim funktionierenden DRM auf der sicheren Seite ist. Sie dürfen die Dateien nicht über die festgelegte Anzahl hinaus kopieren oder Lizenzen weitergeben.

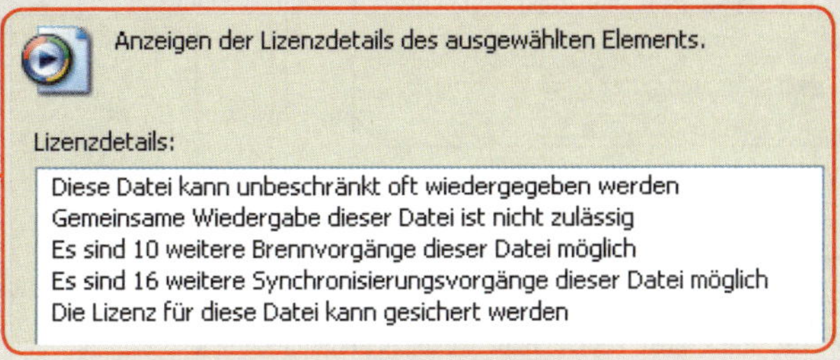

Die in diesem Buch genannten Programme waren bei Redaktionsschluß offiziell verfügbar. Sofern eines dieser Programme dem geltenden Urheberrecht und dem Kopierschutz nicht entspricht, kann sich dies auf Grund von Gesetzesänderungen und rechtlichen Entscheidungen nach der Drucklegung des Buches ergeben haben. Obwohl die Rechtsprechung in einigen Teilbereichen noch unterschiedlich urteilt, sollten Sie nur Medien kopieren, die Sie legal erworben haben und die keinen Kopierschutz aufweisen. Zudem sollten Sie auch nur legale Programme verwenden, die keine illegalen Kopien erstellen können.

nen Dateien

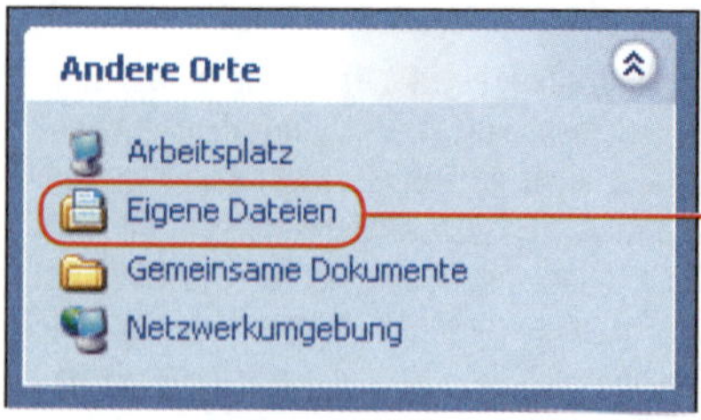

und markieren dann die Dateien, die Sie kopieren möchten. Um mehrere Dateien gleichzeitig zu markieren, klicken Sie die einzelnen Dateien bei gedrückter Strg-Taste nacheinander an.

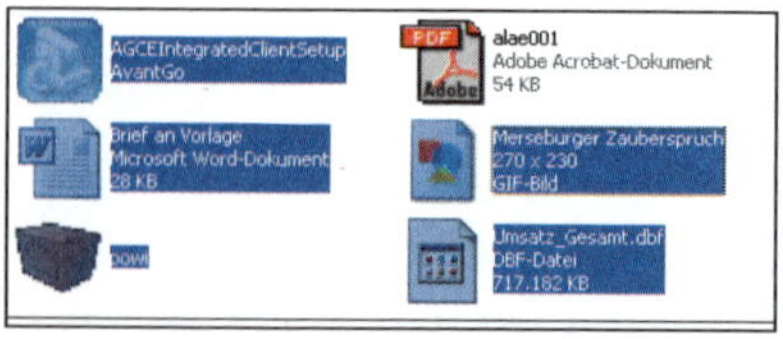

3 Wenn Sie anschließend im Aufgabenteil des Ordners auf den Eintrag

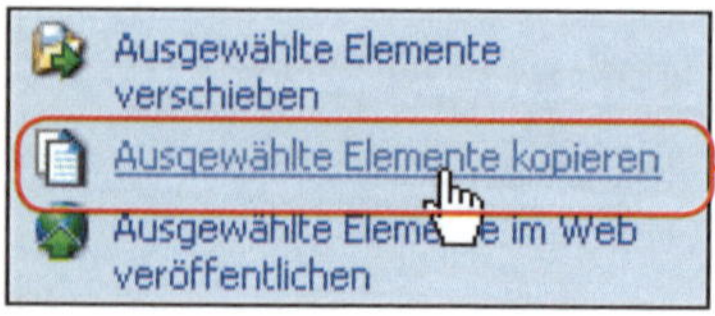

klicken, wird der **Dateimanager** mit den Verzeichnissen Ihres Rechners angezeigt. Per Mausklick auf das Symbol wählen Sie das Laufwerk mit dem leeren **Rohling** aus.

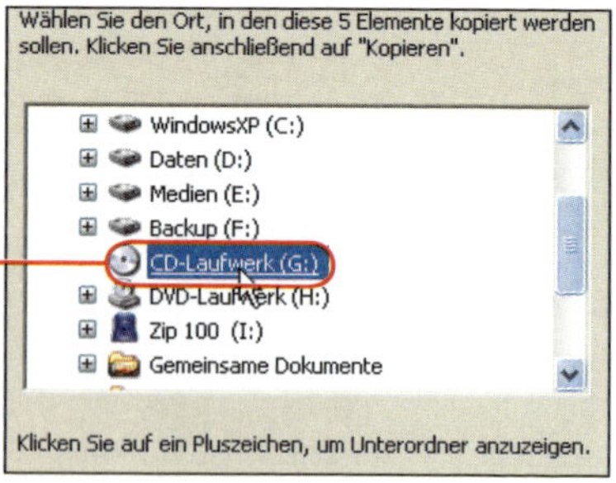

4 Danach brauchen Sie nur noch auf die Schaltfläche

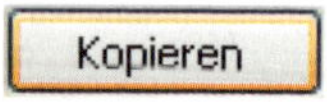

zu klicken, damit die Dateien in diesen Ordner kopiert werden.

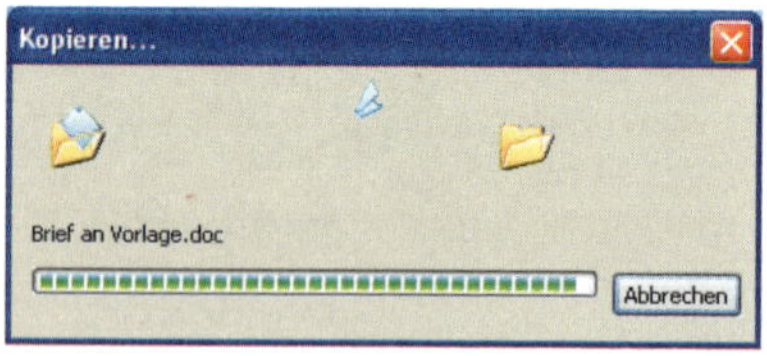

5 Die von Ihnen ausgewählten Dateien werden nach Abschluß dieses Vorgangs im Ordner des CD-Brenners aufgeführt.

Zu diesem Zeitpunkt sind sie allerdings noch nicht wirklich auf die CD gebrannt worden. Statt dessen hat das Betriebsprogramm die Dateien erst mal in einem vorübergehenden (temporären) Ordner gespeichert, bis sie tatsächlich auf die CD geschrieben werden. Sie erkennen das daran, daß die Dateisymbole einen kleinen Pfeil haben und etwas „blaß" aussehen. Das bedeutet, daß die Dateien noch in dem vorübergehenden Ordner aufbewahrt werden.

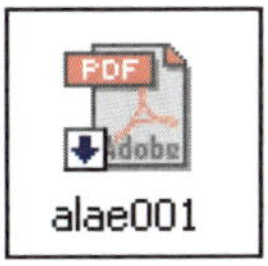

6 Damit der Brennvorgang endgültig beginnt, klicken Sie im Aufgabenbereich des Ordners auf den Eintrag ●.

Daraufhin wird der **Assistent** zum Brennen der CD gestartet.

7 Als Dateiname ist zunächst das aktuelle Datum vorgegeben. ●

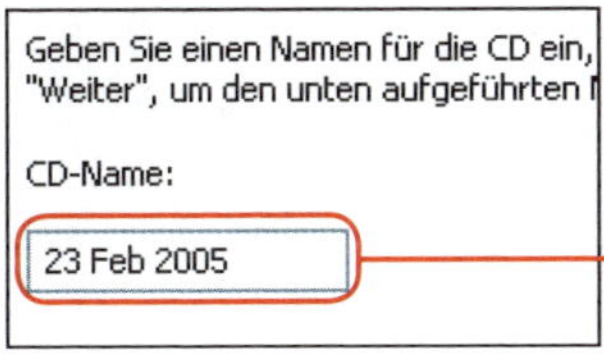

Sie können der CD aber einen beliebigen Namen geben, indem Sie diesen in das Textfeld per Tastatur eingeben. Der Name darf jedoch maximal 15 Zeichen lang sein (Leerstellen werden mitgezählt!).

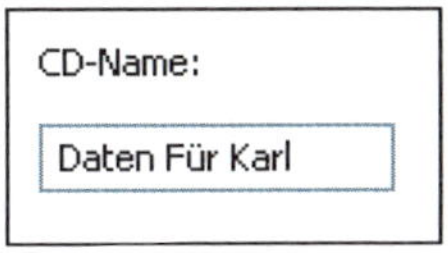

Klicken Sie danach auf die Schaltfläche

.

8 Anschließend beginnt der eigentliche Schreibvorgang, das heißt, die Dateien werden aus dem temporären Ordner auf die CD geschrieben (gebrannt).

Zur Bestätigung der abschließenden Meldung genügt ein Mausklick auf

.

Damit haben Sie Ihre Dateien sicher auf der CD untergebracht.

Musik auf CD brennen

Mit den speziellen Musikdateien kann der Media Player von Windows sehr gut umgehen. So ist es beispielsweise kein

Problem, Musikdateien, die Sie damit auf CD brennen, in jedem normalen Musikabspielgerät zu verwenden. Dabei wandelt (konvertiert) das Programm die Musikdateien in das korrekte Dateiformat für eine Musik-CD um. Der Media Player kann sowohl mit dem Windows-eigenen **WMF**-Format als auch mit dem weitverbreiteten **MP3**-Format etwas anfangen. Das Brennen geht denkbar einfach.

1 Legen Sie eine leere, beschreibbare CD in Ihren CD-Brenner ein. Die CD startet automatisch. Wenn Sie dic Voreinstellung mit einem Mausklick auf den ersten Eintrag ● bestätigen,

wird ein leerer Ordner für die Dateien angezeigt, die auf die CD geschrieben werden sollen.

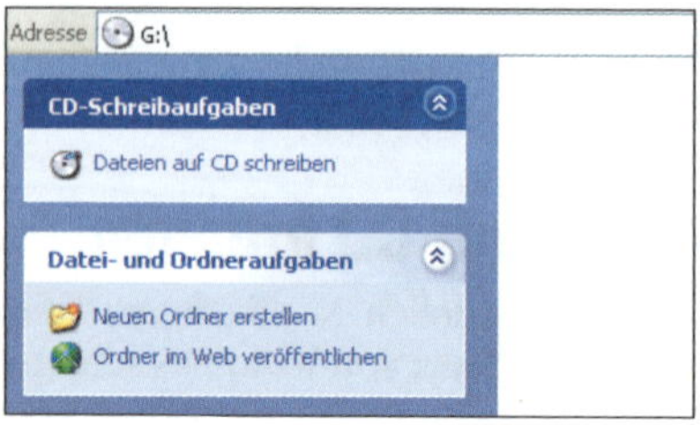

2 Öffnen Sie anschließend den Ordner mit den Dateien, die Sie auf die CD brennen möchten. Im Beispiel handelt es sich um Dateien im Musikordner, den Sie mit einem Doppelklick auf sein Symbol öffnen.

Klicken Sie dann die Dateien, die gebrannt werden sollen, mit der rechten (!) Maustaste an,

und wählen Sie den Eintrag ●.

3 Daraufhin wird der Windows Media Player geöffnet.

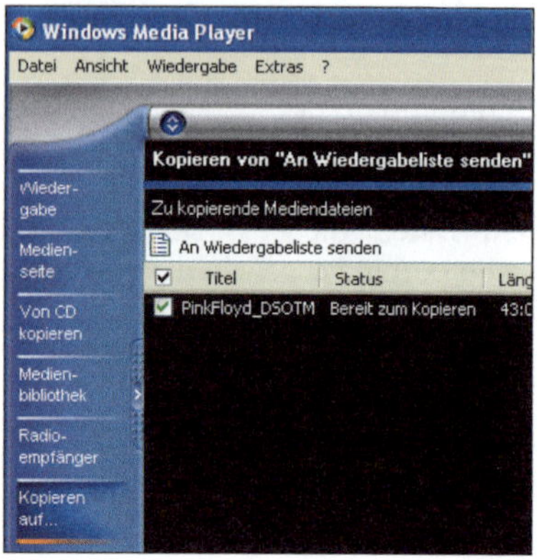

Um jetzt den Kopiervorgang zu starten, genügt ein Mausklick auf

.

4 Die Datei wird dann in das Audioformat für CDs umgewandelt (konvertiert)

und anschließend automatisch direkt auf die CD geschrieben.

Danach kann diese CD wie eine normale Musik-CD in jedem normalen Musikabspielgerät verwendet werden.

Hilfsprogramme für ein gutes Brennergebnis

Die zu Beginn dieses Kapitels vorgestellte Brennfunktion von Windows XP reicht im allgemeinen aus, um schnell mal Dateien und auch Musikstücke auf einen Rohling zu brennen. Ungleich mehr Möglichkeiten haben Sie jedoch mit speziellen Brennprogrammen. Oft sind solche Brennprogramme schon beim Kauf des Rechners vorinstalliert, so daß Sie sich direkt dieser Software bedienen können. In vielen Fällen handelt es sich hierbei aber um „abgespeckte" Versionen bekannter und leistungsfähiger Brennprogramme wie beispielsweise das hier vorgestellte „Nero" oder auch das weitverbreitete „Roxio". Die volle Funktionsfülle bieten nur die Vollversionen, auf die Sie in der Regel von den mitgelieferten Schmalspur-Versionen aus direkt umsteigen können.

● Ein kostenloses Programm (Freeware) zum Brennen ist zum Beispiel „Burnatonce".

Damit bringen Sie viele gängige Dateiformate ohne Schwierigkeiten auf CD. Sie finden das Programm unter der Internet Adresse: http://www.burnatonce.com

Falls Sie allerdings auch **DVDs** beschreiben wollen, müssen Sie auf ein weiteres Programm ausweichen. Es heißt „Pro-DVD" und ist ebenfalls über die oben angegebene Internetseite abrufbar.

● Ebenfalls kostenlos, aber etwas komfortabler ist das Brennprogramm „DeepBurner", mit dem Sie Daten-CDs und -DVDs sowie Audio-CDs erstellen können.

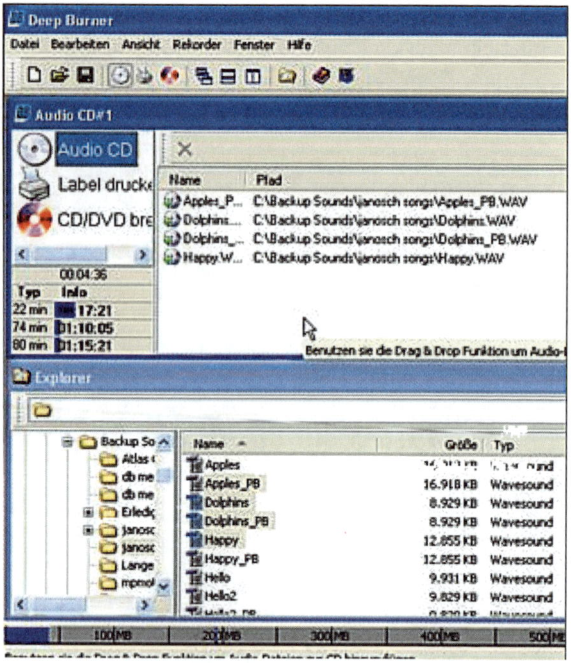

Einer der Vorteile besteht darin, daß Sie mit DeepBurner Datenträger in mehreren Durchgängen (Multisession) beschreiben können, die CD also auch nach Abschluß eines Brennprozesses für weitere Daten „offen" bleibt. Und wenn Sie von einer CD mehrere Kopien brennen möchten, unterstützt Sie das Programm, indem es eine Abbilddatei (engl. „image") auf der Festplatte anlegt. Diese Datei wird dann einfach auf die nächste CD gebrannt. Darüber hinaus können Sie für Ihre selbstgebrannten CDs sogar Hüllen und Etiketten erstellen und drukken. Sie finden das Programm auf der Internetseite:
http://www.deepburner.com

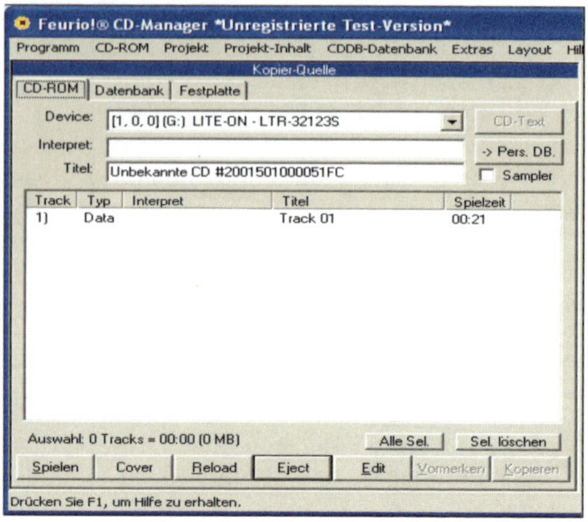

● Einen Spezialisten für das Brennen von Musikdateien würden Sie sich mit „Feurio" zulegen.

Das Programm ist zwar nicht kostenlos, läßt aber beim Brennen von Audiodateien kaum Wünsche offen. Sie finden es unter der Internetadresse:
http://www.feurio.com/

● **DVDs** sind ein besonderes Thema, dem sich die Firma Elaborate Byte angenommen hat. Mit dem Brennprogramm „Clone DVD" kopieren Sie komfortabel jede nicht kopiergeschützte DVD.

Das Programm finden Sie auf der Internetseite: http://www.elby.ch

● Mit dem kleinen Brennprogramm „Burn4Free" können Sie alle Dateien auf CD, aber auch auf DVD brennen.

Mit dem Programm lassen sich jedoch keine Kopien von CDs oder DVDs erstellen. Da Burn4Free mehrsprachig ist, läßt es sich auch in deutscher Sprache verwenden. Sie finden das Programm unter der Internetadresse: http://download.burn4free.com

● Mitunter will eine gebrannte DVD einfach nicht in Ihrem Abspielgerät funktionieren. Das liegt häufig daran, daß die DVD-Rohlinge nicht mit dem jeweiligen Abspielgerät zusammenpassen. Um herauszubekommen, was für eine DVD Sie verwenden sollten, können Sie den „DVD Identifier" benutzen.

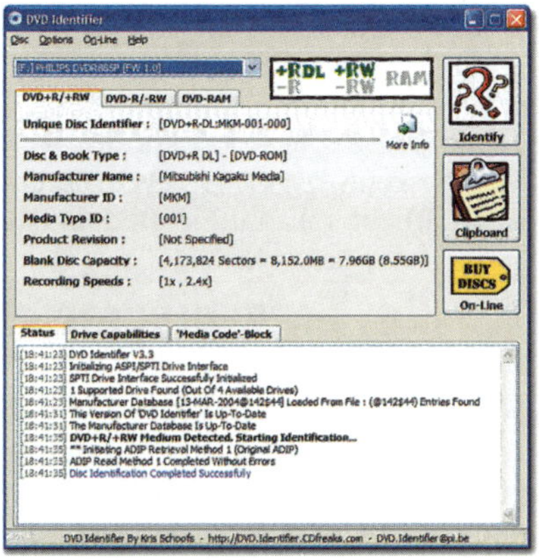

Das kostenlose Programm gibt es leider nur in englischer Sprache. Es analysiert den eingelegten Rohling und zeigt alle Informationen an, damit Sie wissen, welches Produkt mit Ihrem Brenner zusammenarbeitet. Sie finden auch dieses Programm im Internet, und zwar unter der Adresse:

http://dvd.identifier.cdfreaks.com

- Die gleichen Dienste für CD-Rohlinge bietet Ihnen das Programm „CD-R Identifier“, das Sie unter der folgenden Internetadresse herunterladen können: http://cd-rw.org/software/cdr_software/

- Auch die Brenner selbst machen es dem Benutzer nicht so einfach herauszubekommen, was in ihnen steckt. Wenn Sie Fehler vermeiden und wissen möchten, was Ihr Brenner kann, analysiert der „CD/DVD Device Capabilities Viewer“ Ihre Geräte.

Damit bringen Sie in Erfahrung, welche Sorte von CDs oder DVDs Ihr Brenner verarbeiten kann. Sie finden das Programm unter der Internetadresse: http://www.bustrace.com/products/cd-dvd.htm

Das Brennprogrammpaket Nero 6 Reloaded

Wenn Sie alle Funktionen, die im letzten Abschnitt vorgestellt wurden, unter einer einzigen Programmoberfläche versammelt haben möchten und nicht immer für jede Brennaufgabe andere Programme verwenden wollen, sollten Sie auf die bekannten Brennprogramme zurückgreifen. In vielen neu gekauften Rechnern ist die eingeschränkte Version eines Brennprogramms häufig schon vorinstalliert. Alle Möglichkeiten der Programme haben Sie jedoch nur mit der jeweiligen Vollversion. **Nero** 6 (Reloaded) ist so ein Brennprogramm, das fast jeder Brennsituation gewachsen ist. Es ist so weit verbreitet, daß es in diesem Buch vorrangig als Beispiel dienen soll.

Nero Reloaded installieren

Um das Programm verwenden zu können, müssen Sie es zuerst auf Ihrem Rechner installieren. Diese Arbeit ist jedoch problemlos und schnell erledigt.

1 Nachdem Sie die Nero-CD eingelegt haben, wird automatisch das Installationsfenster angezeigt. Um die Brennprogramme zu installieren, klicken Sie auf die Schaltfläche ●.

2 Daraufhin startet der **Assistent**, dessen erstes Fenster Sie einfach mit einem Mausklick auf ● beantworten.

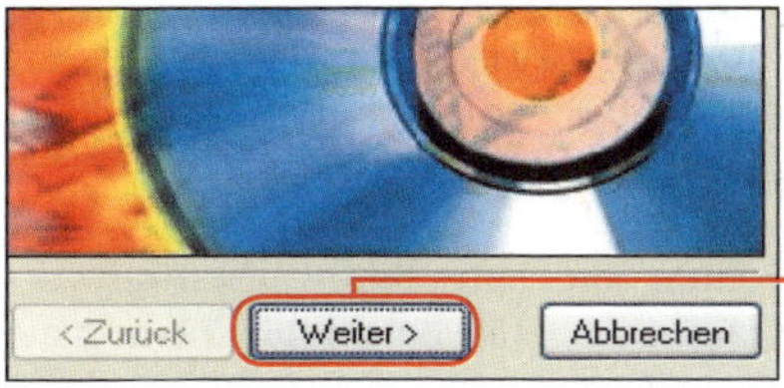

3 Im nächsten Fenster müssen Sie dann der obligatorischen Lizenzvereinbarung zustimmen.

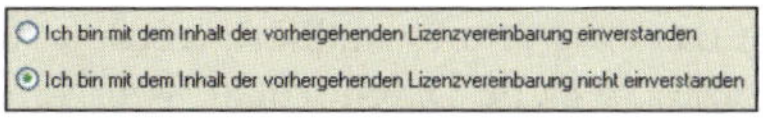

Klicken Sie dazu auf den Kreis vor dem entsprechenden Eintrag, so daß darin ein Punkt erscheint,

und anschließend auf

.

4 Als nächstes werden Sie dazu aufgefordert, Ihren Namen und die Seriennummer Ihres Programms einzugeben. ●

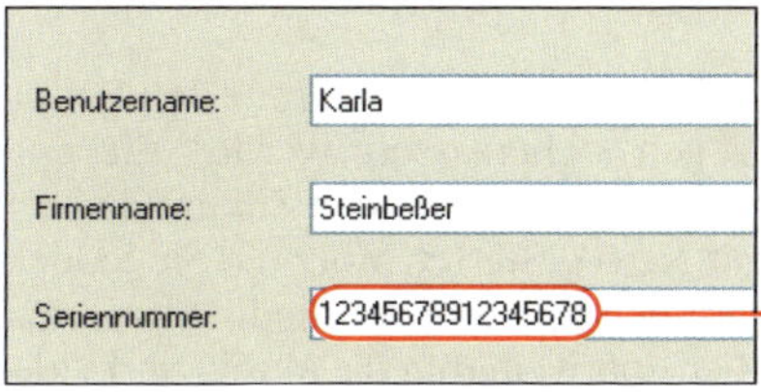

Die Seriennummer finden Sie in der Hülle Ihrer Nero-CD. Klicken Sie danach wieder auf

.

5 Nun beginnt der Assistent endlich mit der Installation.

Ist das Programm installiert, werden Sie gefragt, welche Dateiformate von Nero automatisch verarbeit werden sollen.

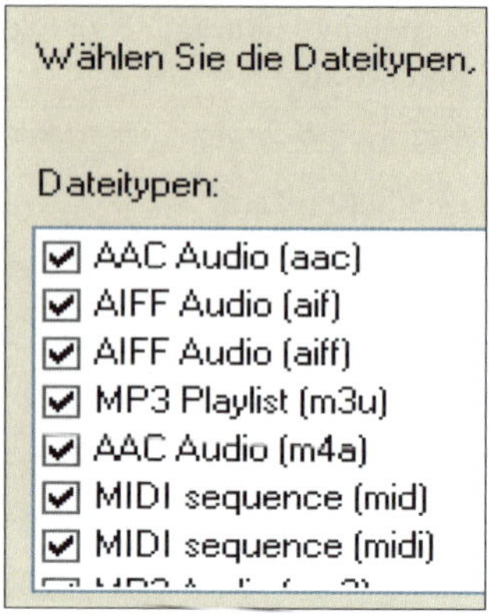

6 Falls Sie die Häkchen vor den Einträgen stehenlassen, werden die entsprechenden Dateien in Zukunft immer mit Nero gestartet. Möchten Sie jedoch zum Beispiel, daß der Media Player von Microsoft weiterhin die Musik- und Videodateien abspielt, entfernen Sie die Häkchen vor den Einträgen.

Es folgt erneut ein Klick auf

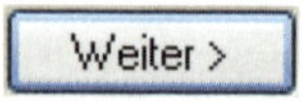

.

7 Anschließend bestimmen Sie die Zuordnung für Bildformate. Da die Bilder in unterschiedlichen Formaten auf dem Rechner vorhanden sind, werden

Unbestimmte Dateiendung

Normalerweise ist eine Dateiendung einem bestimmten Programm zugeordnet. So werden beispielsweise Dateien mit der Dateiendung „doc“ von einer Textverarbeitung wie Word geöffnet. In der Liste von Schritt 5 taucht aber auch die Dateiendung „dat” auf. Diese Endung kann zu mehreren Programmen gehören. Nur bei Video-CDs gehört die Endung zur Filmdatei. Um Verwirrung zu vermeiden, lassen Sie das Häkchen vor diesem Eintrag einfach weg.

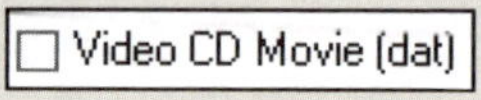

Sie immer von einem Programm geöffnet. Sie können an dieser Stelle bestimmen, ob Nero alle angegebenen Bildformate öffnen soll.

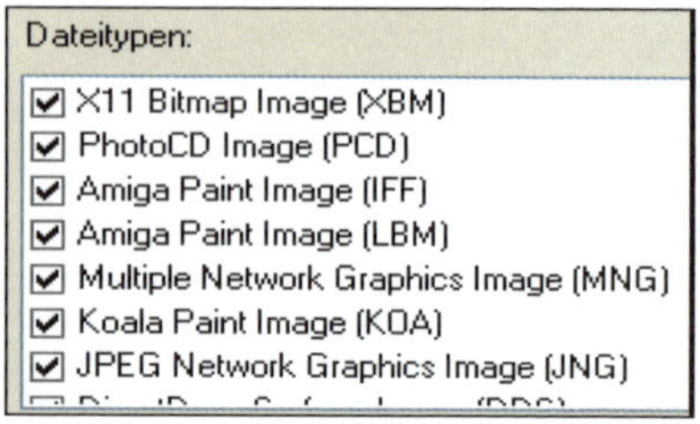

Sollten Sie ein Bildbearbeitungsprogramm wie zum Beispiel Paintshop auf Ihrem Computer installiert haben, ist es besser, die Häkchen vor den Dateiendungen TIF, TIFF und JPG zu entfernen. Dann werden diese Bilddateien nämlich weiterhin mit Paintshop geöffnet.

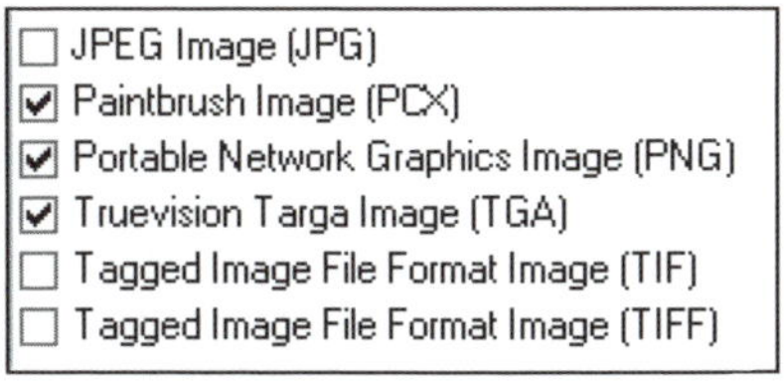

Klicken Sie danach ein weiteres Mal unten im Fenster auf

.

8 Jetzt werden auch die letzten Programmteile installiert. Nach der Installation ist wieder der Eingangsbildschirm des Installationsprogramms zu sehen. Zur Beendigung des Programms reicht ein Mausklick auf die Schaltfläche

.

Die Programme von Nero 6 Reloaded

Unter der Oberfläche von Nero 6 verbirgt sich eine Vielzahl von Spezialprogrammen, die Sie leicht über das sogenannte StartSmart-Fenster erreichen. Mit diesen Komponenten erledigen Sie alle Aufgaben, die Ihnen beim Brennen der unterschiedlichsten Dateiformate auf CD oder DVD begegnen.

Nero Burning ROM

Das eigentliche Brennprogramm von Nero 6 Reloaded heißt „Nero Burning ROM". Damit brennen Sie Dateien aller Art in allen erdenklichen Formaten auf CDs und DVDs. Zudem können Sie mit dem Programm komfortabel auch ganze Datenträger kopieren.

Nero Express

Hierbei handelt es sich strenggenommen um ein „Brennprogramm im Brennprogramm" beziehungsweise um den „klei-

nen Bruder“ von Nero Burning ROM. Nero Express ist ganz einfach zu bedienen und wird immer dann verwendet, wenn es darum geht, nur mal schnell ein paar Daten zu brennen.

Nero Vision Express

Mit diesem Programm produzieren Sie Video-CDs, Super-Video-CDs, DVD-Videos und Foto-Präsentationen. Jedes beliebige Video können Sie mit allen Menüs zusammenstellen und anschließend auf eine DVD brennen. Auch Filme einer Digital-Videokamera werden mit diesem Programm auf den Computer kopiert und sofort weiterverarbeitet.

Nero Back It Up

Dateien, Ordner und auch vollständige Partitionen können mit dem Programm schnell und komfortabel gesichert werden. Ebenso einfach stellen Sie die gesicherten Daten auch wieder her.

Nero Cover Designer

Der Nero Cover Designer unterstützt Sie bei der Gestaltung von CD- und DVD-Einlagen oder -Hüllen, die Sie auch direkt aus dem Programm heraus ausdrucken können.

Nero Wave Editor

Mit dem Nero Wave Editor bearbeiten Sie Sound-Dateien. So können Sie beispielsweise die Pausen zwischen einzelnen Musikstücken entfernen, Musikstücke ein- oder auszublenden und Störgeräusche (Knacken, Rauschen) reduzieren. Das Programm unterstützt neben den **WAV**-Dateien auch das platzsparende Musikformat **MP3**.

Nero ImageDrive

Mit diesem Programm kopieren Sie ganze CDs auf die **Festplatte** und können diese dann so verwenden, als ob sich die CD noch im CD-ROM-Laufwerk befinden würde. Falls Sie eine große Festplatte haben, können Sie zum Beispiel mehrere Spiele-CDs oder Lexika komfortabel von der Festplatte aus starten und nutzen.

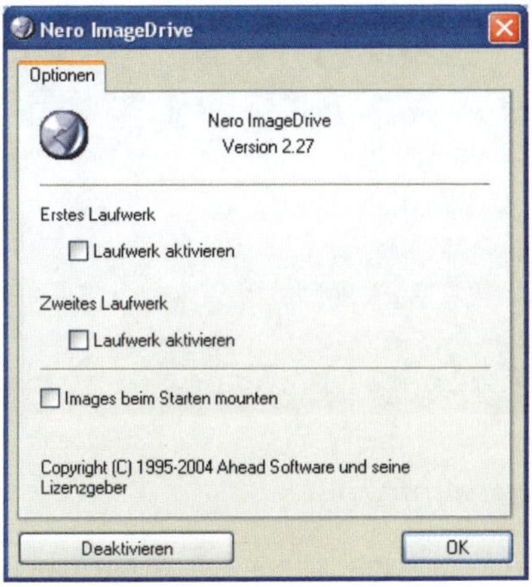

Nero Media Player

Das Musikabspielprogramm bietet fast die gleichen Funktionen wie ein Musikverstärker. Dabei ist es gleichgültig, ob komprimierte MP3-Musik oder normale Audio-CDs abgespielt werden sollen, denn der Nero Media Player unterstützt die wichtigsten Musikdateiformate.

Nero Show Time

Dieses Multitalent für Videodateien ermöglicht es Ihnen, Videoformate (**AVI**, MPEG), selbsterstellte Video-CDs und Film-DVDs anzuzeigen.

Nero InfoTool

Wie der Name schon sagt, liefert Ihnen das Nero-InfoTool-Programm Informationen über die Laufwerke in Ihrem Rechner. Es gibt Ihnen Auskunft über die tatsächliche Schreibgeschwindigkeit Ihres CD- oder DVD-Laufwerks und ob das Gerät zum Beispiel CD-Text unterstützt. Auch nach welchem Verfahren Ihr DVD-Brenner arbeitet und mit welchen Rohlingen er umgehen kann, verrät Ihnen das Programm.

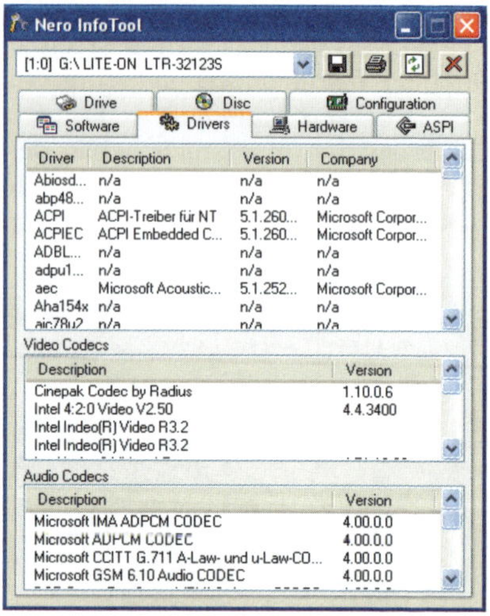

2 Von der Schallplatte zur CD

Viele Musikschätze stauben im Keller oder in anderen längst vergessenen Ecken vor sich hin, weil Schallplatten, Kassetten und Tonbänder mittlerweile fast vollständig von der CD verdrängt wurden. Das bedeutet allerdings nicht, daß es diese Titel auch auf Silberscheiben zu kaufen gibt. Im Gegenteil: Es ist durchaus möglich, daß sich das Konzert Ihres Lieblingssängers nur noch auf einem Tonband befindet. Zum Glück müssen Sie in solchen Fällen keinen Verzicht üben, denn mit Nero 6 können Sie Ihre Schätze ganz einfach in die neue Zeit hinüberretten. Mehr noch: Per Internetradio läßt sich Ihre Musiksammlung sogar vervollständigen. In vielen dieser freien Radios werden nämlich gerne alte Lieder gespielt, die Sie mit dem Internet Explorer anhören können. Ein kleines Zusatzprogramm hilft Ihnen, einzelne Lieder oder ganze Sendungen aufzuzeichnen und daraus eine CD zu machen.

Im zweiten Kapitel dieses Buches erfahren Sie,
- wie Sie Musik von Schallplatten auf die Festplatte bannen,
- wie Sie Musik vom Tonband oder Kassettenrecorder digitalisieren,
- wie Sie digitalisierte Schallplattenmusik auf CD brennen,
- wie Sie Musik von Internetradios aufnehmen
- und wie Sie alle diese Musikdateien auf CD brennen.

Kapitel-Wegweiser

Musikstücke von Schallplatte auf den Rechner übertragen

Wer sich von seinen guten alten Schallplatten nicht trennen mag und das eine oder andere Stück gerne immer mal wieder hören würde, der kann die Musik einfach auf die **Festplatte** oder sogar CD überspielen. Die einzigen Dinge, die Sie brauchen, sind ein Plattenspieler und ein Vorverstärker, damit die Musik auf Ihre Festplatte gespeichert werden kann. Haben Sie das beisammen, steht der Aufnahme Ihrer alten Musikschätze nichts mehr im Wege.

Die Installation des Vorverstärkers

Um Schallplatten auf CDs brennen zu können, brauchen Sie entweder einen HiFi-Verstärker oder einen Vorverstärker, der das schwache Ausgangssignal des Plattenspielers so verstärkt, daß die Musikkarte (Soundkarte) Ihres Computers das Musiksignal weiterverarbeiten kann. Es wäre jedoch ziemlich umständlich, wenn Sie dafür Ihre ganze Musikanlage aus dem Wohnzimmer abbauen und an den Rechner anschließen wollten... Einfacher geht die Übertragung mit einem Vorverstärker: Stellen Sie Ihren Plattenspieler neben den Rechner, und schließen Sie diesen per Vorverstärker an Ihre Soundkarte an - dann bleibt Ihnen das große „Geräterücken" erspart.

Spezielle Vorverstärker für den Anschluß an den Computer gibt es in diversen Ausführungen. Die Arbeitsweise ist aber in allen Fällen gleich: Die Geräte verstärken das Musiksignal des Vorverstärkers, so daß die Soundkarte Ihres PCs die Musik weiterverarbeiten kann. Unterschiede zwischen den verschiedenen Modellen bestehen in der Ausstattung und der Anschlußart. So werden einige dieser Vorverstärker beispielsweise über den **USB**-Anschluß mit dem Rechner verbunden und sind nicht ganz billig.

Preiswertere Geräte wiederum werden zum Beispiel über den sogenannten Game Port mit Strom versorgt und sind ganz einfach zu verwenden.

1 Nehmen Sie den Klinkenstecker des Vorverstärkers „phono PreAmp“, der hier als Beispiel dienen soll,

und stecken Sie ihn in den Eingang Ihrer Soundkarte ein:

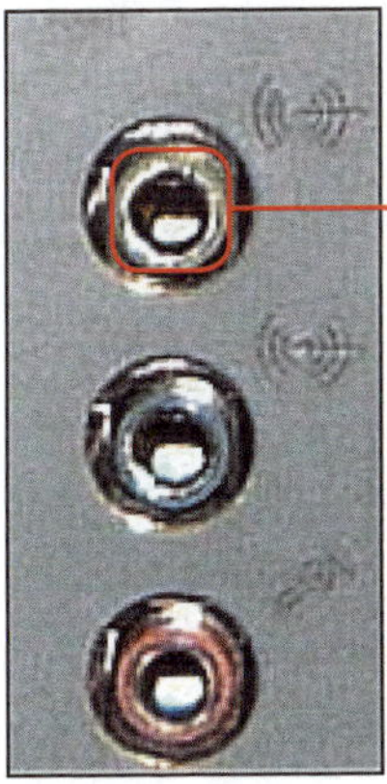

→ Den Eingang Ihrer Soundkarte erkennen Sie entweder an der Beschriftung „Line in“ oder an dem Pfeil im Symbol neben den Buchsen. Der Eingang wird durch einen Pfeil dargestellt, der in den Kreis hineinzeigt.

→ Häufig sind die Buchsen auch farbig markiert. Dabei ist der Eingang dann blau gekennzeichnet.

2 Die notwendige Stromversorgung für den Vorverstärker übernimmt Ihr Computer. Verbinden Sie einfach den Vorverstärker über das Stromkabel

mit der Buchse des Spiele-Eingangs („Game Port“) Ihres Rechners.

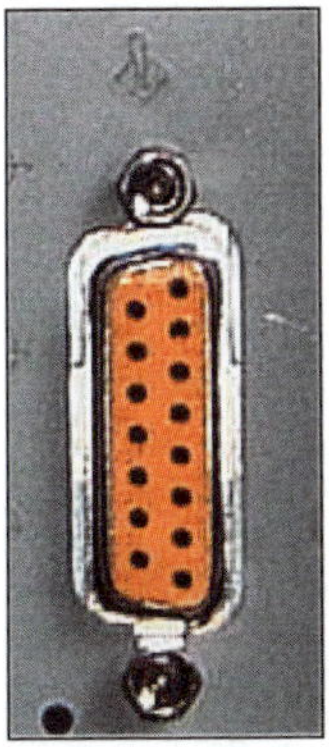

→ Den Spiele-Eingang erkennen Sie an den 15 Löchern der Buchse. In den meisten Fällen ist die Buchse zudem gelb gefärbt. Häufig ist daneben auch ein kleiner Steuerknüppel für Spiele eingraviert.

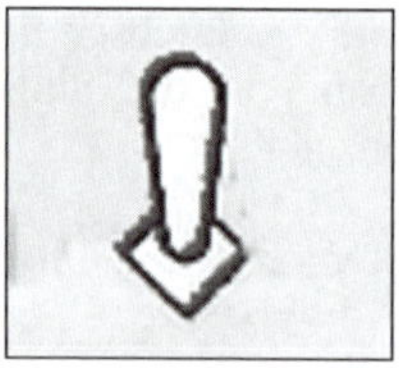

Kein Spielen bei der Musikaufnahme

Sie können den Steuerknüppel für Spiele während der Musikaufnahme ruhig in der Buchse des Vorverstärkers lassen. Nur spielen sollten Sie in dieser Zeit besser nicht. Denn es könnten Stromschwankungen auftreten, die die Musikaufnahme beeinträchtigen würden.

→Auch wenn Sie jetzt die Buchse des Spiele-Eingangs für die Stromversorgung des Vorverstärkers verwenden, können Sie den Steuerknüppel für Spiele trotzdem weiterhin benutzen. Haben Sie den Vorverstärker mit Ihrem Rechner verbunden, stecken Sie den Anschluß des Steuerknüppels in die dafür vorgesehene Buchse des Vorverstärkers.

3 Verbinden Sie danach Ihren Plattenspieler mit dem Vorverstärker. Dazu verwenden Sie das Kabel des Plattenspielers, das am Ende zweigeteilt ist.

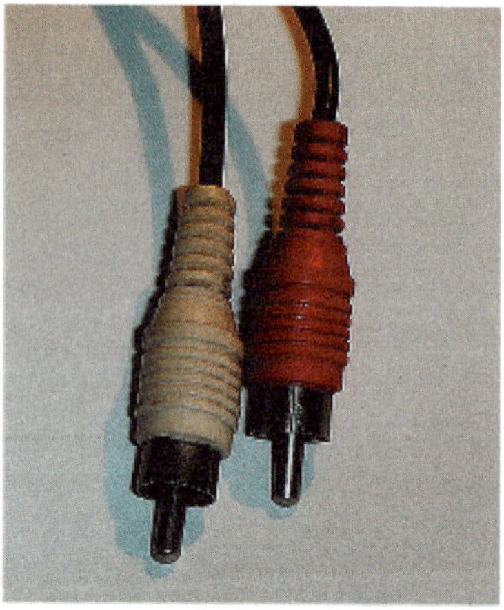

Da Sie Stereoaufnahmen machen möchten, achten Sie darauf, daß Sie die beiden Stecker des Verbindungskabels auch jeweils in die richtige Buchse stecken. Die Buchse für den rechten Stereokanal ist rot, die für den linken weiß markiert.

Damit haben Sie den Vorverstärker an Ihren Rechner angeschlossen. Der Vorverstärker kann nun ohne weitere Programme verwendet werden, da Nero 6 den Rest der Arbeit übernimmt.

Kein Ton zu hören?

Sofern Sie alles richtig angeschlossen haben, müßten Sie Ihre Schallplatten über die Computerlautsprecher hören können. Falls Sie trotzdem keinen Ton hören, sollten Sie die Lautstärkeregelung überprüfen. Dazu klicken Sie doppelt auf das Symbol für die Lautstärke.

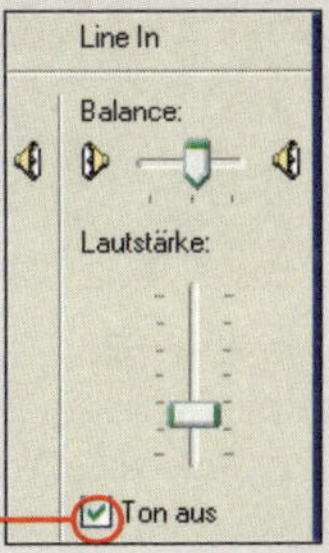

Anschließend können Sie im Bereich des Toneingangs (Line In) sehen, ob neben dem Eintrag „Ton aus" ein Häkchen zu sehen ist. In dem Fall ist der Toneingang abgeschaltet, und Sie hören logischerweise nichts.

Um dies zu ändern, klicken Sie einfach auf den Eintrag, so daß das Häkchen verschwindet:

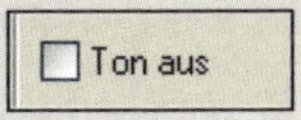

Musik von einer Schallplatte aufnehmen

Die Aufnahme von den alten Vinylscheiben übernimmt das Programm „Nero SoundTrax". Nachdem Sie die Schallplatte, deren Musik Sie übertragen möchten, vom Staub gereinigt und auf den Plattenteller gelegt haben, können Sie das Programm starten.

1 Klicken Sie dazu doppelt auf das Programmsymbol von Nero StartSmart,

öffnen Sie im nachfolgenden Programmfenster per Klick auf die Erweiterungsleiste

die Unterprogramme von Nero, und klicken Sie dort auf ●.

2 Um eine Langspielplatte in eine CD zu verwandeln, klicken Sie in der **Menüleiste** als erstes auf „Werkzeuge", danach auf den Eintrag ●,

und wählen schließlich aus der geöffneten Liste den Eintrag ● aus.

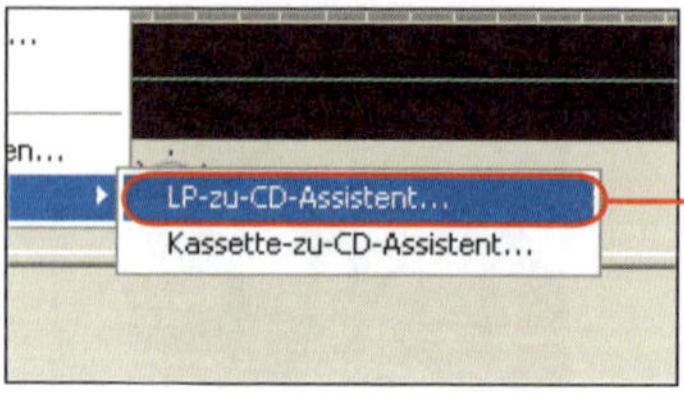

3 Daraufhin wird der **Assistent** zum Einspielen einer Langspielplatte (LP) auf eine CD gestartet. Zuerst bestimmen Sie die Quelle, von der aus Sie die Musik aufnehmen wollen, also Ihre Langspielplatte. Dazu klicken Sie auf das kleine Dreieck ●

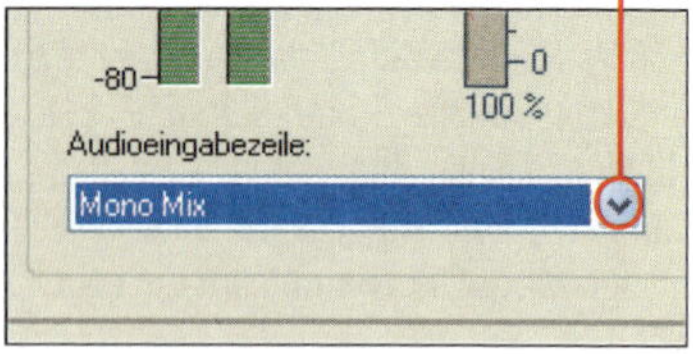

und wählen aus der dann geöffneten Liste den Eintrag ● aus.

4 Geben Sie der Musikdatei, die Sie aufnehmen möchten, einen Namen. Klicken Sie dazu auf den Eintrag ●,

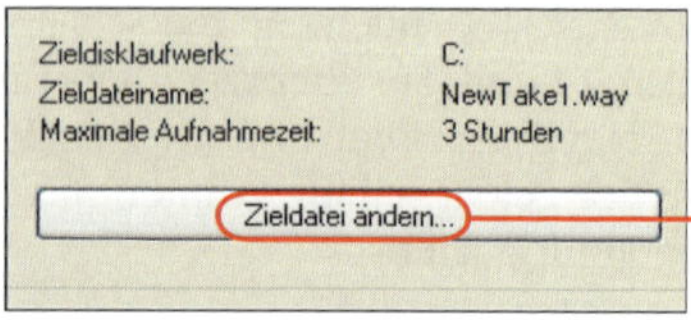

und tippen Sie im geöffneten Dateifenster den gewünschten Namen ein, zum Beispiel ●.

Klicken Sie danach auf die Schaltfläche

.

5 Als nächstes starten Sie Ihren Plattenspieler mit der Schallplatte, deren Musik aufgenommen werden soll. Im linken Teil des Fensters sehen Sie nun den Aufnahmepegel des Audioeingangs:

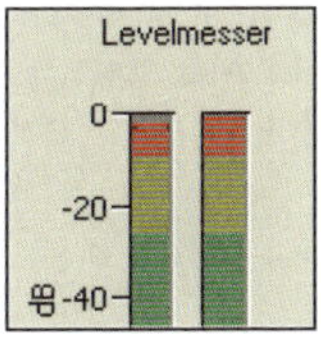

Der Aufnahmepegel ist die Lautstärke, mit der die Musik über den Audio- (Musik-) Eingang aufgenommen wird. Klikken Sie auf den Schieberegler der Aufnahmelautstärke,

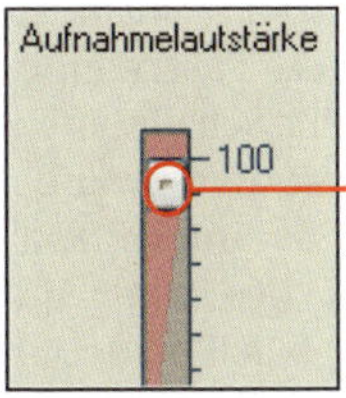

halten Sie die Maustaste gedrückt, und ziehen Sie den Regler so lange nach unten, bis im „Levelmesser“ kein roter Anteil mehr zu sehen ist.

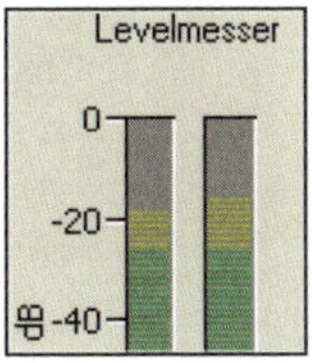

Mit dieser Einstellung verhindern Sie, daß laute Stellen undeutlich (übersteuert) werden.

6 Halten Sie Ihren Plattenspieler an, und spielen Sie die Schallplatte dann noch einmal von vorne ab. Klicken Sie kurz vor Beginn des ersten Liedes auf den roten Knopf, um auch die Aufnahme zu starten.

7 Nun können Sie die ganze Schallplatte abspielen und am Ende der Aufnahme auf die Schaltfläche

klicken.

Falls Sie aber nicht die komplette Aufnahme mitverfolgen möchten, ist es auch möglich, die Aufnahme automatisch beenden zu lassen. Klicken Sie dazu vor der Aufnahme auf den entsprechenden Eintrag, so daß ein Häkchen im Kästchen erscheint:

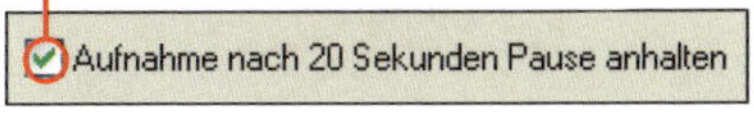

Dadurch wird die Aufnahme automatisch 20 Sekunden nach dem letzten Musikstück beendet.

Alterserscheinungen beseitigen

Ist die Aufnahme auf der Festplatte gespeichert, können Sie der Musik noch den letzten Schliff geben. Damit die Alterserscheinungen Ihrer Schallplatten etwas abgemildert werden, hält Nero einige **Filter** bereit. Rauschen, Knistern oder Knackser - alle diese Probleme lassen sich mit wenigen Schritten beheben, so daß Ihre Musik wie neu klingt.

1 Nachdem Sie, wie im Schritt 7 des letzten Abschnitts gezeigt, nach Abschluß der Aufnahme auf

geklickt haben, können Sie mit der Feinarbeit beginnen. Im ersten Schritt müssen die Pausen zwischen den einzelnen Musiktiteln festgelegt werden. Da die vorgegebenen Werte in den meisten Fällen eine gute Trennung der Musikstücke ergeben,

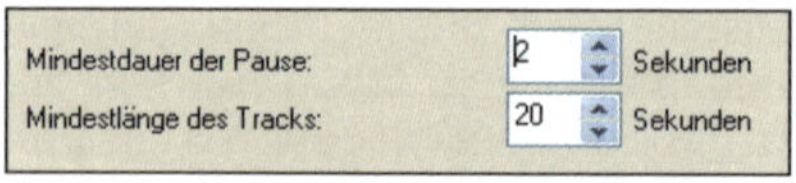

klicken Sie einfach auf die Schaltfläche

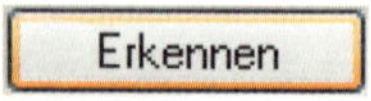

und anschließend auf

.

2 Im nächsten Fenster rücken Sie den typischen Problemen älterer Schallplatten zu Leibe. Mit Hilfe der Regler lassen sich alle störenden Hintergrundgeräusche weitgehend entfernen. Kratzer, Rauschen und Knistern, was bei älteren Schallplatten häufig vorkommt, können Sie über die vier Regler verringern.

Um die Wirkung eines Filters zu verstärken, klicken Sie auf den Schieberegler ●, halten die Maustaste gedrückt und ziehen den Regler noch oben.

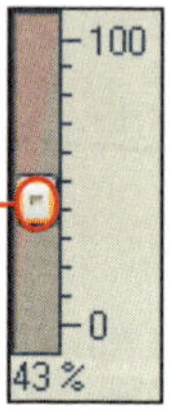

3 Dabei ist der erste Regler („DeNoiser“) für das Filtern eines zu starken Rauschens der Schallplatte zuständig. Ähnlich wirkt der zweite Filter („DeRumble“). Nur unterdrückt er das „Eigenrumpeln“ des Plattenspielers.
Sind auf der Schallplatte einzelne laute Kratzer (Knacken) zu hören, kommt der sogenannte DeClicker zum Einsatz.

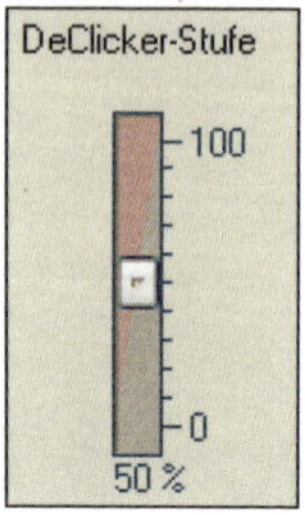

Und mit dem „DeCrackler“ entfernen Sie das konstante Hintergrundknistern älterer Schallplatten.

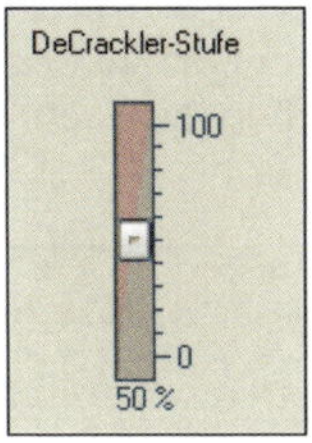

4 Um die Wirkung der einzelnen Filter direkt kontrollieren zu können, klikken Sie auf die Schaltfläche

.

Dann können Sie bei Bedarf noch nachregulieren. Gleichzeitig sehen Sie, ob die beiden Balken im grünen Bereich sind.

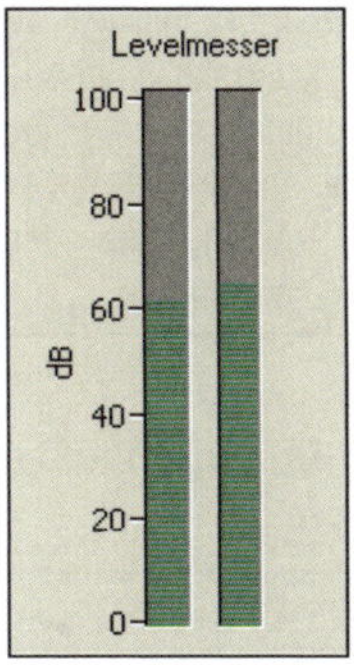

Wenn nicht, haben Sie die Aufnahme „übersteuert“, also zu laut aufgenommen. In dem Fall wiederholen Sie einfach Schritt 3 dieser Anleitung.

5 Sind Sie mit dem Ergebnis zufrieden und alles ist buchstäblich im „grünen Bereich“, klicken Sie auf

und danach wieder auf

.

Die Langspielplatte auf CD brennen

Bis zu diesem Zeitpunkt sind noch keine Änderungen an Ihrer Musikdatei vorgenommen worden. Erst wenn Sie die Aufnahme speichern oder brennen, werden die im letzten Abschnitt erwähnten Filter mit den dort vorgenommenen Änderungen automatisch auf die Musikdatei angewendet. Sie können die Datei also ohne Bedenken speichern oder direkt auf CD brennen.

1 Nachdem Sie also in Schritt 5 des letzten Abschnitts auf

geklickt haben, werden Sie in den folgenden Fenstern von einem Assistenten durch den Brennvorgang geführt. Im ersten Fenster können Sie die Pausen zwischen den einzelnen Titeln einstellen. Tippen Sie die Länge der Pausen in Sekunden und Millisekunden ein.

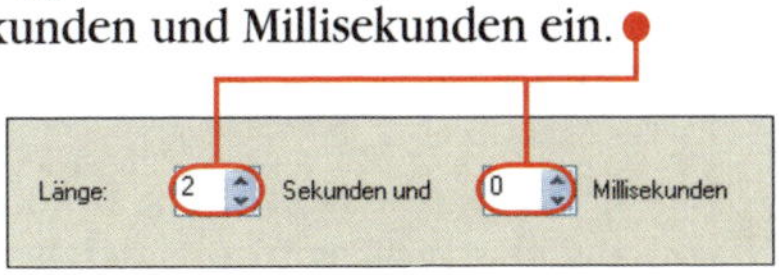

2 Möchten Sie, daß die einzelnen Titel ineinander übergehen (ohne Pause), dann klicken Sie auf den Eintrag „Kreuzblende“, so daß ein grüner Punkt im Kreis davor erscheint:

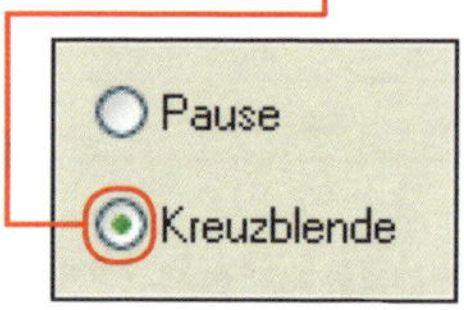

Falls Sie hingegen jeweils eine Pause zwischen den einzelnen Titeln bevorzugen, klicken Sie auf .

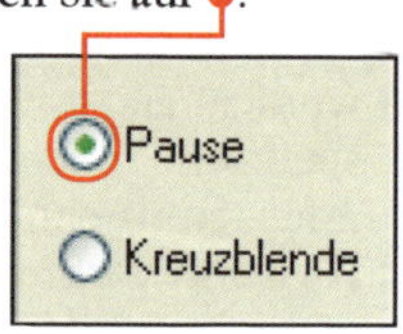

3 Klicken Sie dann noch auf den Eintrag „Projekt sofort brennen“, so daß in dem Kästchen vor dem Eintrag ein Häkchen sichtbar wird:

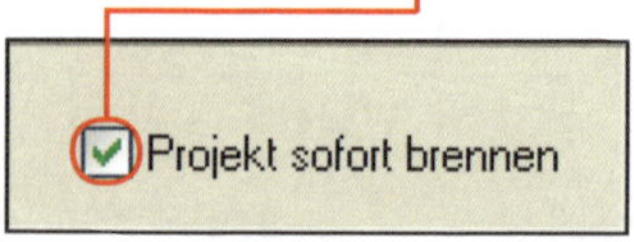

Damit haben Sie alle notwendigen Einstellungen vorgenommen und brauchen nur noch auf die Schaltfläche

zu klicken.

4 Damit vor dem eigentlichen Brennvorgang überprüft wird, ob auch keine Fehler beim Brennen auftreten, müssen Sie im letzten Fenster noch festlegen, daß das Programm den Brennvorgang zuvor simulieren soll. Dazu klicken Sie auf den entsprechenden Eintrag, so daß in dem Kästchen davor ein Häkchen erscheint:

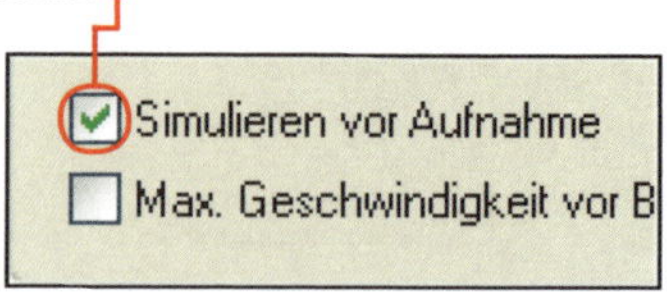

Die Geschwindigkeit des Brennvorgangs kontrolliert Nero 6 bei der Simulation (Probebrennen) selbst, so daß Sie das nicht extra einstellen müssen.

! Zur Vorsicht erst testen

Eigentlich ist das Simulieren nur selten notwendig. Wenn Sie allerdings zum ersten Mal eine Audio-CD brennen, sollten Sie den Test schon durchführen – einfach um zu sehen, ob Ihr Brenner und die verwendeten Rohlinge zusammenpassen. Falls es bei der Simulation zu Problemen kommen sollte, wechseln Sie die Rohling-Sorte oder verringern die Brenngeschwindigkeit.

5 Klicken Sie anschließend auf die Schaltfläche

.

Nero wandelt die Musikdateien daraufhin um, so daß sie im richtigen Format auf die CD geschrieben werden können.

Zeit	Ereignis
20:26:15	Vorbereiten der Audiodateien hat begonnen

Unmittelbar danach beginnt das Programm automatisch mit dem Probebrennen.

Zeit	Ereignis
20:26:15	Vorbereiten der Audiodateien hat begonnen
20:28:11	Vorbereiten der Audiodateien erfolgreich abgeschlossen
20:28:44	Caching of files started
20:28:44	Caching of files completed
20:28:44	Simulation started at 32x (4.800 KB/s)

Ist auch dieser Vorgang abgeschlossen, wird die Musik-CD gebrannt.

6 Sobald der Brennvorgang beendet ist, erhalten Sie eine entsprechende Meldung, die Sie per Mausklick auf

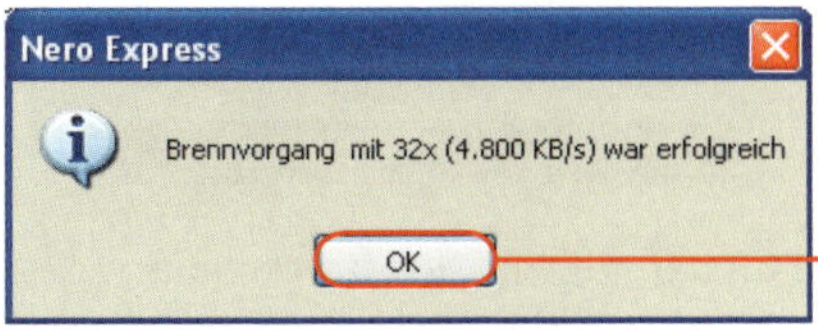

beantworten. Daraufhin wird die CD ausgeworfen.

7 Das dann noch geöffnete Brennfenster schließen Sie per Klick auf die Schaltfläche

.

Übertragung vom Kassettenrecorder und Tonbandgerät

Wie eingangs erwähnt, können Sie auch Musik von Kassetten oder Tonbändern auf Ihre Festplatte übertragen und dann auf CD brennen. Das Vorgehen ähnelt sehr stark der Übertragung von Musikdateien von Schallplatten, wie es in den vorigen Abschnitten gezeigt wurde. Da das Ausgangssignal eines Tonbandgeräts oder Kassettenrecorders aber stark genug ist, benötigen Sie für die Übertragung *keinen* Vorverstärker.

1 Verbinden Sie Ihr Tonbandgerät oder Ihren Kassettenrecorder per Klinkensteckerkabel mit dem Eingang Ihrer Musikkarte (vgl. Seite 25),

und starten Sie Nero SoundTrax, indem Sie Schritt 1 des Abschnitts „Musik von einer Schallplatte aufnehmen" wiederholen (siehe Seite 27/28).

2 Aus der Liste der Assistenten wählen Sie in Schritt 2 jedoch den Assistenten für die Übertragung von Kassette

Danach folgen Sie der Anleitung bis zum Schluß des Abschnitts. Anstelle des Plattenspielers müssen Sie nur jeweils den Kassettenrecorder oder das Tonbandgerät einschalten oder anhalten.

> **! Knackser und Knistern auf Tonbändern trotzdem entfernen**
>
> Vielleicht besitzen Sie Kassetten- oder Tonbandaufnahmen von Schallplatten, die bei der Aufnahme schon Kratzer hatten? Um diese trotz der fehlenden Filter (siehe Schritt 3) fast vollständig zu entfernen, verwenden Sie einfach bei der Übertragung den Assistenten für Schallplatten. Damit haben Sie dann auch wieder Zugriff auf die Filter, die Knackser und Knistern beseitigen.

3 Bei der Nachbearbeitung der Musikdateien folgen Sie den Vorgaben des Abschnitts „Alterserscheinungen beseitigen“ (siehe Seite 30). Sie werden jetzt jedoch nur zwei Filter finden: Mit dem „DeNoiser“ entfernen Sie das Rauschen des Bandes und mit dem „DeRumble“ das Rumpeln des Gerätes.

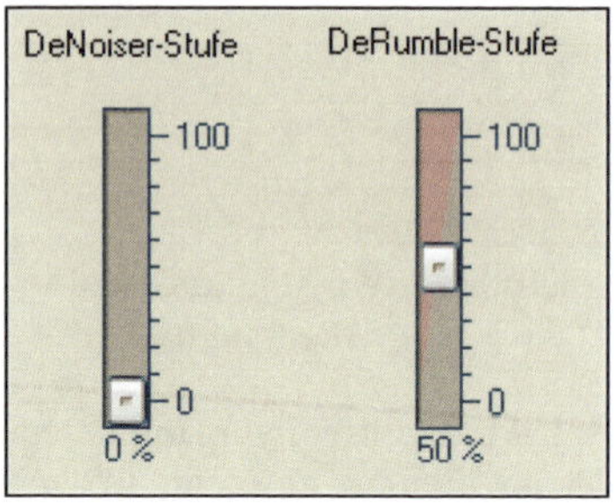

Filter, die Knackser und Hintergrundknistern entfernen, sind für Kassetten und Tonbänder nicht vorgesehen.

4 Der Brennvorgang gestaltet sich genauso, wie er im Abschnitt „Die Langspielplatte auf CD brennen“ beschrieben wurde. Folgen Sie einfach der Schritt-für-Schritt-Anleitung - und schon haben Sie auch Ihre Kassetten oder Tonbänder wie neu auf CD.

Musik aus dem Internet aufnehmen

Heutzutage läßt sich Musik nicht nur von Kassetten, Tonbändern oder CDs aufnehmen. Im Internet gibt es immer mehr Radiosender, die Sie ebenfalls als ergiebige Quelle für Musikdateien nutzen können.

Normalerweise kann Musik solcher Internetradios nur angehört werden. Doch mit den richtigen Programmen können Sie die Musikdateien auch auf die Festplatte speichern und wunschgemäß auf CD brennen.

Die Aufnahme mit dem Loop Recorder

Mit dem sogenannten Loop Recorder können Sie alles aufnehmen, was Ihre Musikkarte wiedergibt, auch Internetmusikprogramme. Sie spielen die Musik mit dem Internet Explorer ab und nehmen sie einfach mit dem Loop Recorder auf. Das Programm finden Sie auf der folgenden Internetseite: http://www.looprecorder.de

1 Starten Sie den Internet Explorer per Doppelklick auf das Programmsymbol ●.

2 Wenn Sie dann im Fenster des Internet Explorers auf den Menüeintrag ● und danach auf ●

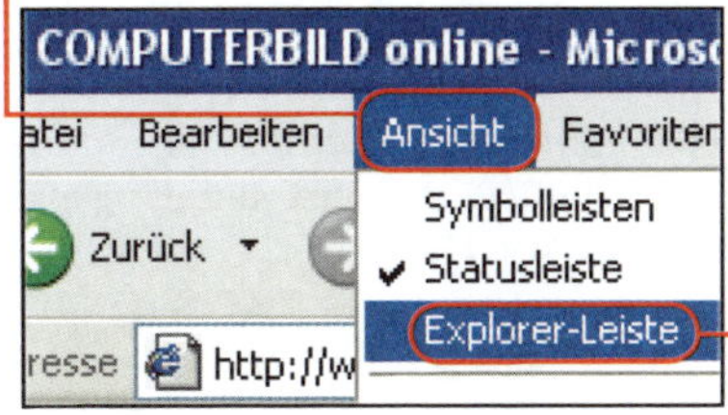

klicken und aus der geöffneten Liste den Eintrag ●

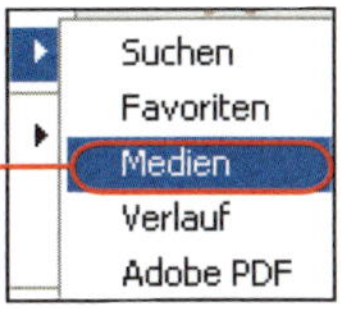

wählen, wird im linken Teil das Abspielprogramm angezeigt.

3 Als nächstes bestimmen Sie aus der Favoritenliste die gewünschten Radiosender. Klicken Sie dazu in der Symbolleiste auf den Eintrag

und anschließend auf ●.

4 Jetzt können Sie aus der Senderliste einen der Radiosender auswählen, im Beispiel ●.

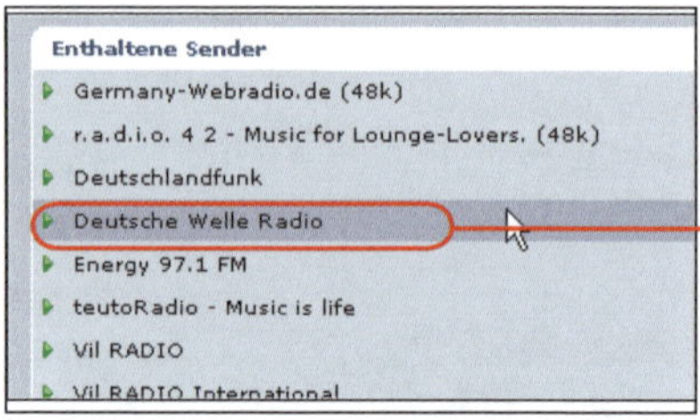

Nach einem Mausklick auf den Eintrag rechts ●

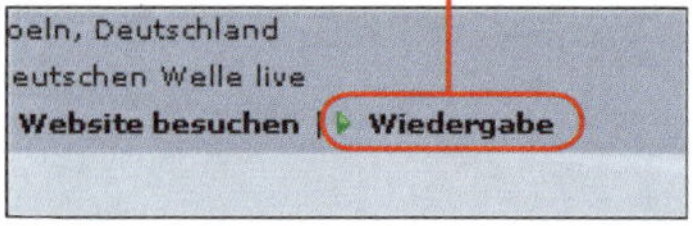

wechselt der Internet Explorer auf die Seite des Senders und gibt diesen wieder.

5 Um die Sendung aufzunehmen, starten Sie den Loop Recorder mit einem Doppelklick auf das Programmsymbol ●.

Das Programm beginnt direkt mit der Aufnahme der Sendung

6 Damit die Aufnahme eine gute Qualität hat, müssen Sie die Aufnahmelautstärke (Pegel) regulieren. Dann verschwinden auch die roten Balken aus dem Aufnahmefenster. Klicken Sie dazu doppelt auf das Lautsprechersymbol in der Taskleiste ●,

und stellen Sie mit dem Schieberegler ● die Lautstärke ein (vgl. auch Seite 29).

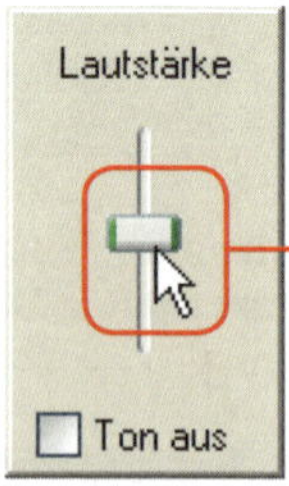

Wenn die roten Balken in der Anzeige verschwunden sind, ist die Eingangslautstärke korrekt.

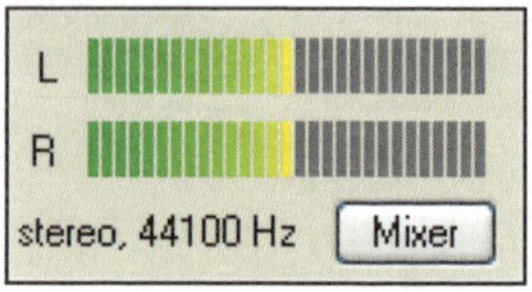

7 Möchten Sie die Aufnahme speichern, klicken Sie auf die Schaltfläche

und anschließend auf das Symbol ●.

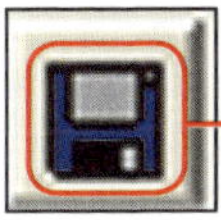

8 Daraufhin wird das Fenster zum Speichern der Datei angezeigt.

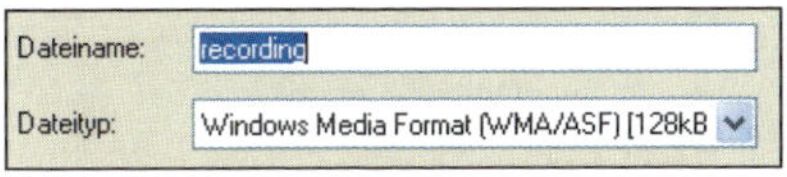

Tippen Sie zunächst in das entsprechende Textfeld einen Namen für die Datei ein, etwa ●.

9 Im Feld darunter müssen Sie aus der Liste noch das Dateiformat für Ihre Datei auswählen. Um Zugriff auf die verschiedenen Formate zu bekommen, klikken Sie auf das Dreieck neben der Auswahlliste. ●

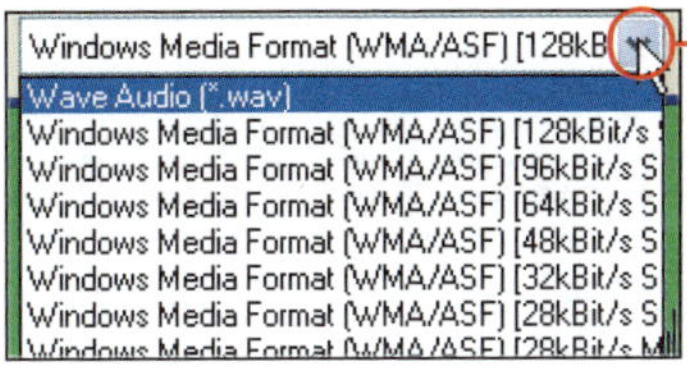

→ Falls Sie die Datei hinterher als Musik-CD brennen möchten, markieren Sie per Mausklick das **WAV**-Format.

Die Musikdateien brauchen dann nicht mehr umgewandelt zu werden und können in jedem CD-Abspielgerät verwendet werden.

→ Sollen die Dateien hingegen auf einem **MP3**-Abspielgerät funktionieren, wählen Sie das platzsparende MP3-Format aus.

→ Und wenn Sie die Musik mit Hilfe des Windows Media Player hören wollen, legen Sie das ASF-Format fest.

10 Nachdem Sie Ihre Wahl getroffen haben, genügt ein Klick auf die Schaltfläche

.

Daraufhin wird Ihre Musikdatei wunschgemäß gespeichert.

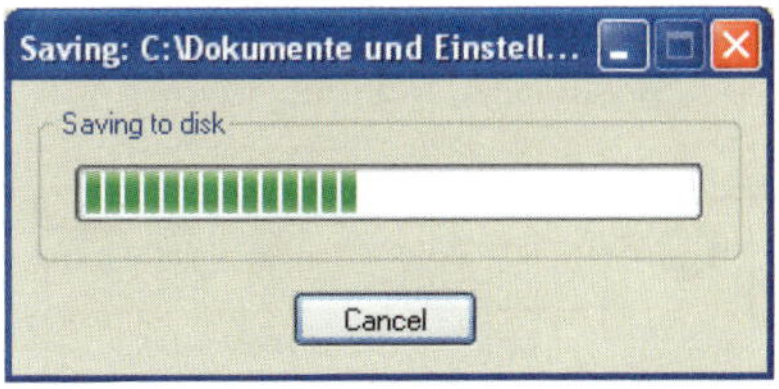

Internetradio mit Phonostar

Während der Loop Recorder kostenpflichtig ist, kann der „Phonostar“ kostenlos aus dem Internet heruntergeladen werden. Dafür arbeitet der Loop Recorder mit dem Windows Media Player zusammen, so daß Sie in der gewohnten Windows-Umgebung bleiben können. Für den Phonostar muß der Windows Media Player zwar auch installiert sein, aber alle Arbeitsschritte werden in einer eigenen Programmumgebung vorgenommen, so daß Sie vielleicht etwas mehr Einarbeitungszeit benötigen. Danach läßt sich der Phonostar jedoch ebenso komfortabel bedienen.

Phonostar herunterladen und installieren

Sie können das Programm einfach aus dem Internet herunterladen. Das geht entweder direkt auf der Seite des Programmanbieters oder ganz bequem zum Beispiel bei COMPUTERBILD.

1 Öffnen Sie mit Ihrem Internet-Zugriffsprogramm die Seite von COMPUTERBILD. Dazu tippen Sie in das Adreßfeld die Internetadresse „http://www.computerbild.de“ ● ein und bestätigen mit der Eingabetaste ↵.

2 Um die Seiten von „COMPUTERBILD online“ anzuzeigen, klicken Sie dann auf den Registerreiter ●

und anschließend am linken Rand auf den Eintrag ●.

3 Im folgenden Fenster können Sie gezielt nach dem Programm Phonostar suchen. Dazu tragen Sie in das Textfeld den Begriff „Phonostar“ ein und drükken dann die ↵-Taste. ●

Daraufhin wird die Seite mit dem gewünschten Programm eingeblendet.

4 Damit das Programm heruntergeladen wird, klicken Sie nun auf den Titel des Programms ●

und danach auf die Schaltfläche ●.

Sobald Sie die nachfolgende Meldung des Internet Explorers mit einem Mausklick auf ●

bestätigt haben, wird das Programm auf Ihren Rechner übertragen.

5 Danach starten Sie die Installation des Programms mit einem Doppelklick auf das Programmsymbol.

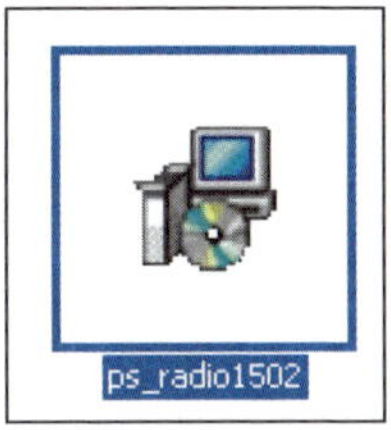

Folgen Sie dann einfach den Anweisungen des Programms.

Musikaufnahme mit Phonostar

Das Phonostar-Programm hat in seiner Datenbank ungefähr 2500 verschiedene Radiosender aus der ganzen Welt, die Sie per Internet empfangen können. All diese Sendungen lassen sich als unkomprimierte **WAV**-Dateien oder im platzsparenden **MP3**-Format speichern und auf CD brennen.

1 Starten Sie Phonostar mit einem Doppelklick auf das Programmsymbol ●.

2 Beim ersten Start des Programms erfahren Sie, welche Wiedergabemöglichkeiten es gibt. Sie müssen an dieser Stelle noch keine Einstellungen vornehmen.

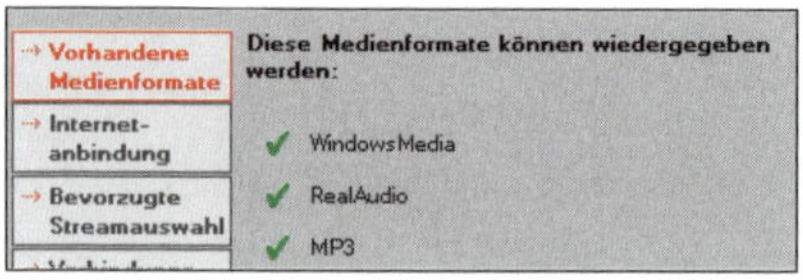

→ Für die Wiedergabe der Windows-Media-Dateien ist der Windows Media Player von Microsoft notwendig.

→ Wenn Sie die Musikstücke als **MP3**-Dateien speichern wollen, müssen Sie den Windows Media Player in der Version 9 installiert haben.

Neue Version überspielen

Falls der Windows Media Player in der Version 9 noch nicht auf Ihrem Rechner installiert sein sollte, klicken Sie im Media Player auf das Fragezeichen ● und dann auf den Eintrag ●.

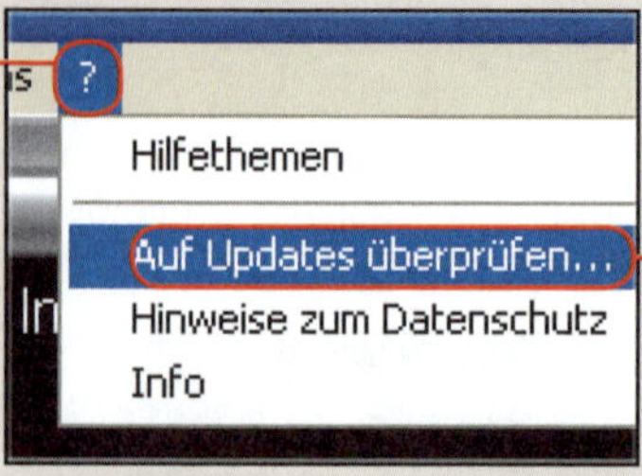

Daraufhin wechselt der Player auf die Seiten von Microsoft, und Sie können die neueste Version des Programms überspielen.

→ Für das Real-Media-Format benötigen Sie den Real Player. Das Programm können Sie kostenlos herunterladen unter der Internetadresse: http://germany.real.com/player/

3 Um jetzt Ihre Wunschmusik auszuwählen, klicken Sie auf das Dreieck ● und markieren in der geöffneten Liste einen Eintrag, beispielsweise ●.

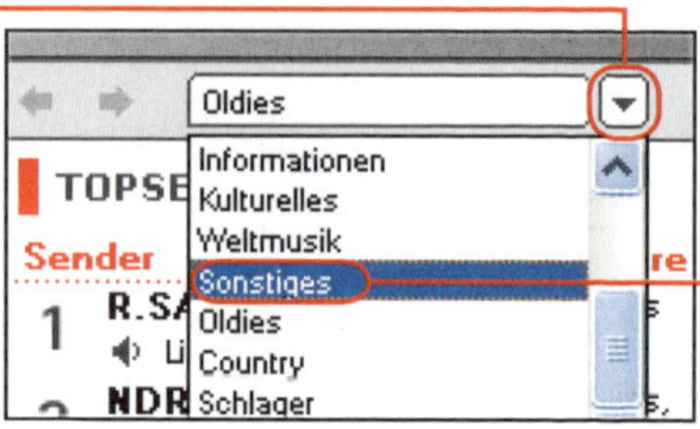

4 Im Fenster unterhalb der Auswahl werden daraufhin Internetradiostationen angezeigt, die diese Sorte Musik spielen. Wenn Sie hier auf den Namen eines Senders klicken, etwa ●,

wird die Musik geladen und abgespielt

5 Zum Aufzeichnen der Sendung klicken Sie zuerst in der Menüleiste auf

die Schaltfläche ●, danach auf ●

und schließlich auf den Eintrag ●.

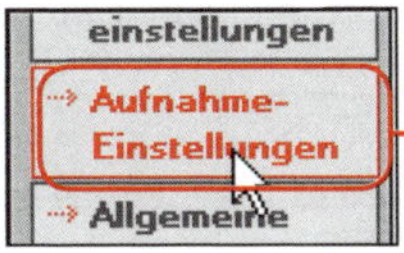

6 Nun müssen Sie noch die Aufnahmefunktion einschalten. Klicken Sie dazu auf den Eintrag ●,

so daß in dem Kästchen ein Haken erscheint, und bestätigen Sie die Einstellung mit einem Mausklick auf ●.

7 Sie können noch einstellen, ob Sie die Musikstücke im **WAV**-Format (für eine Musik-CD) oder im **MP3**-Format (für ein MP3-Abspielgerät) speichern wollen. Klicken Sie dazu auf die Schaltfläche

,

im nachfolgenden Fenster auf das Dreieck ● und schließlich in der geöffneten Liste auf das gewünschte Dateiformat, etwa ●.

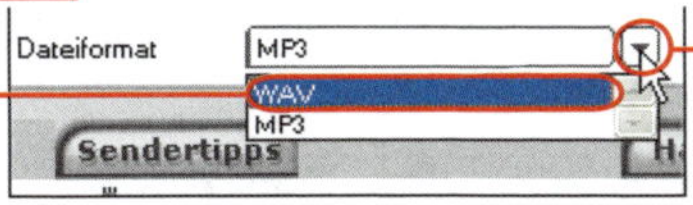

8 Sowie Sie dann den Aufnahmeknopf ● per Maus betätigen, wird die Sendung aufgezeichnet.

! „Lame Decoder“ für MP3

Damit die Musikdateien direkt während der Aufnahme in MP3-Dateien umgewandelt werden, benötigen Sie noch einen sogenannten Umwandler (**Codec**). Einen solchen Codec finden Sie zum kostenlosen Überspielen auf vielen Internetseiten, den „Lame“ in der Version 3.96.1 zum Beispiel unter folgender Internetadresse:
http://mitiok.cjb.net
Wenn Sie das Paket heruntergeladen haben, öffnen Sie es mit einem Doppelklick und kopieren die „lame_enc.dll –Datei“

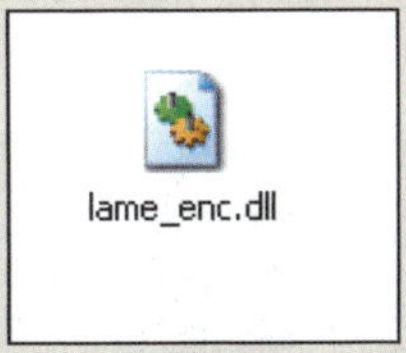

dann in den Programmordner von Phonostar.

9 Nachdem Sie Ihre gewünschten Musikstücke aufgezeichnet haben, beenden Sie die Aufnahme mit einem erneuten Mausklick auf den Aufnahmeknopf ●.

10 Die abschließende Meldung, wonach die Musikdateien gespeichert wurden,

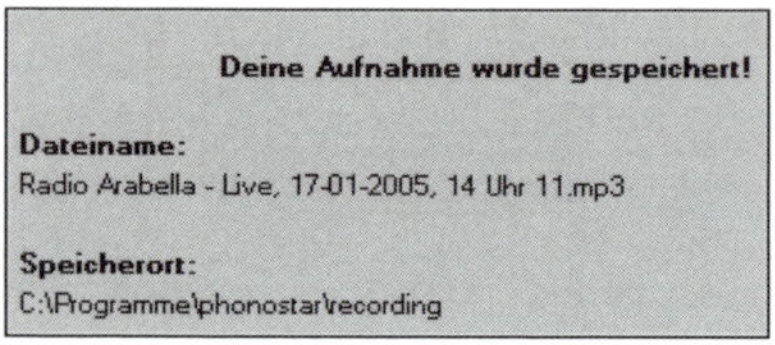

bestätigen Sie per Klick auf die Schaltfläche

.

Die Musikdateien liegen jetzt im Unterordner von Phonostar und können entweder erneut abgespielt oder auf CD gebrannt werden.

Audio-CDs für den privaten Gebrauch brennen

Aus den gespeicherten Dateien können Sie sich nun wieder eine richtige Musik-CD brennen, die sich in fast jedem CD-Abspielgerät verwenden läßt.

1 Im Startfenster von Nero 6 (siehe z.B. Seite 27) wählen Sie per Mausklick zunächst den Musikbereich ●

und anschließend den Eintrag ● aus.

2 Wenn Sie dann im geöffneten Programmfenster auf die Schaltfläche

klicken, werden die gespeicherten Musikdateien im Dateifenster aufgelistet.

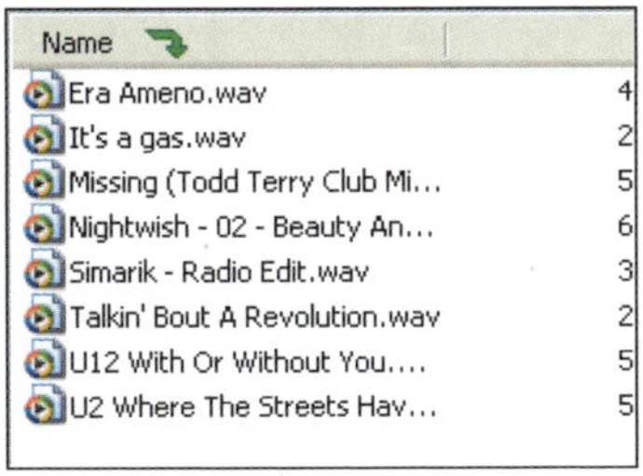

3 Mit einem Mausklick auf die gewünschten Dateien wählen Sie Ihre Musikstücke aus.

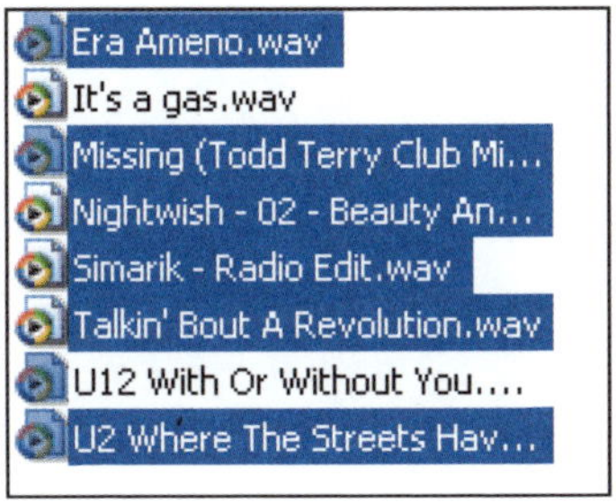

Mehrere Dateien gleichzeitig können Sie markieren, indem Sie die Strg-Taste gedrückt halten und die gewünschten Dateien dann nacheinander anklicken.

4 Sobald Sie bestimmt haben, welche Dateien gebrannt werden sollen, klicken Sie auf

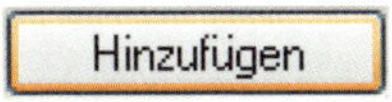

.

Daraufhin tauchen die Dateien im Brennerfenster auf. Schließen Sie das Auswahlfenster mit einem Mausklick auf

und das Brennerfenster per Klick auf die Schaltfläche

.

5 Um den Brennvorgang endgültig zu starten, reicht im nachfolgenden Fenster ein Klick auf die Schaltfläche

.

Nun können Sie mitverfolgen, wie die Musikdateien auf die CD gebrannt werden.

6 Über den erfolgreichen Abschluß werden Sie ebenfalls informiert. Wenn Sie in dem Hinweisfenster auf

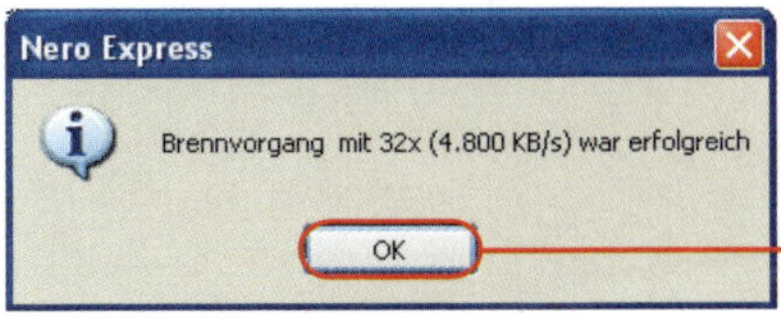

und danach im noch geöffneten Brennerfenster auf die Schaltfläche

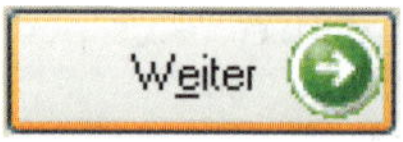

klicken, wird die CD ausgeworfen. Per Mausklick auf

beenden Sie das Programm.

7 Zum Schluß möchte Nero noch wissen, ob Sie das Projekt speichern wollen.

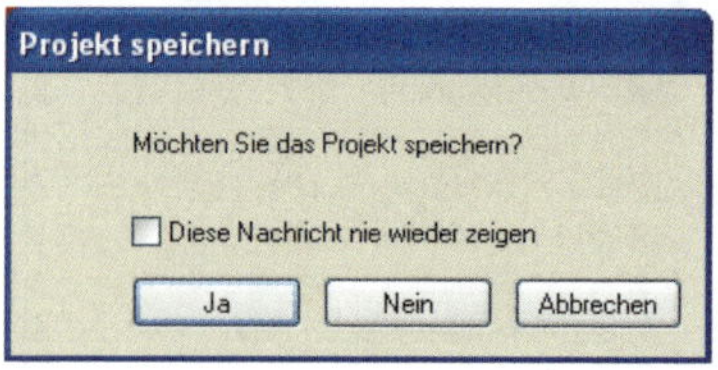

Da es praktischer ist, die gebrannte CD im Fall der Fälle einfach zu kopieren, verneinen Sie die Frage und klicken dazu auf die Schaltfläche

.

3 Medienbibliothek verwalten

Windows-Rechner bringen von Haus aus den sogenannten Windows Media Player mit, ein Programm, mit dem Sie Musik- und Videodateien abspielen, aber auch von einer CD auf die Festplatte kopieren können. Außerdem ist es möglich, aus den Musikdateien auf der Festplatte wieder Musik-CDs herzustellen, die in handelsüblichen CD-Playern wiedergegeben werden können. Doch damit nicht genug: Mit dem Media Player können Sie auch Internetradio hören. Darüber hinaus besteht die Möglichkeit, im Internet Musikstücke zu ordern und auf die eigene Festplatte zu überspielen. Daß Sie auch solche Musikstücke mit dem Windows Media Player komfortabel verwalten und wiedergeben können, versteht sich fast von selbst.

Im dritten Kapitel dieses Buches erfahren Sie,
- wie Sie Musik von Audio-CDs auf die Festplatte kopieren,
- wie Sie mit dem Media Player Musik im Internet hören,
- wie Sie Ihre Musikstücke und Videos verwalten,
- wie Sie Musikstücke im Internet kaufen und herunterladen
- und wie Sie alle diese Musikdateien auf CD brennen.

Kapitel-Wegweiser

Musik von Audio-CDs kopieren

Der CD-Player wird immer mehr vom **USB**-Speicherstift abgelöst. Handlich und robust, sind diese Speicherstifte die idealen Musikbegleiter für unterwegs. Um Musik auf einem USB-Speicherstift mitnehmen zu können, müssen Sie die Musikstücke jedoch erst von der Musik-CD auf die Festplatte kopieren. Das geht mit dem Media Player ganz einfach.

1 Legen Sic als erstes eine Musik-CD in Ihr CD-Laufwerk ein. Sie werden dann gefragt, wie Sie die CD behandeln möchten. Klicken Sie also auf den Eintrag ●.

2 Falls Sie die kopierte Musik später ohne Einschränkungen auf Ihrem Rechner verwenden wollen, klicken Sie im nächsten Fenster in den Kreis neben dem entsprechenden Eintrag, so daß darin ein grüner Punkt erscheint: ●.

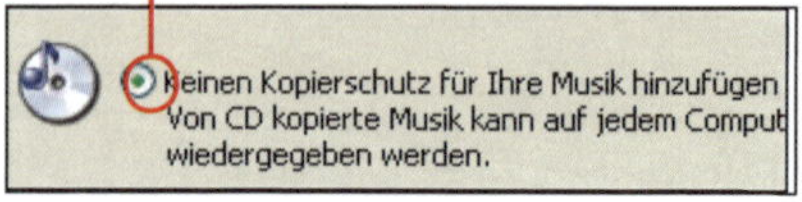

Auch die rechtlichen Bestimmungen müssen Sie lesen und per Mausklick auf das Kästchen akzeptieren,

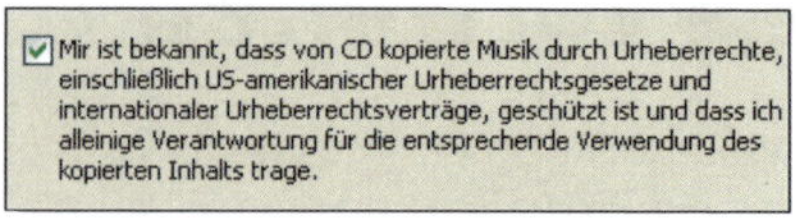

bevor Sie dann auf die Schaltfläche

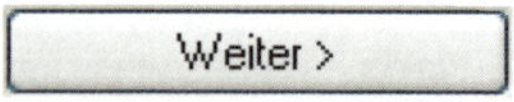

klicken.

3 Im nachfolgenden Fenster legen Sie die Qualität der Aufnahme fest. Dazu klicken Sie neben dem Eintrag „Format“ auf das Dreieck ● und wählen per Mausklick die gewünschte Qualitätsstufe aus, etwa ●.

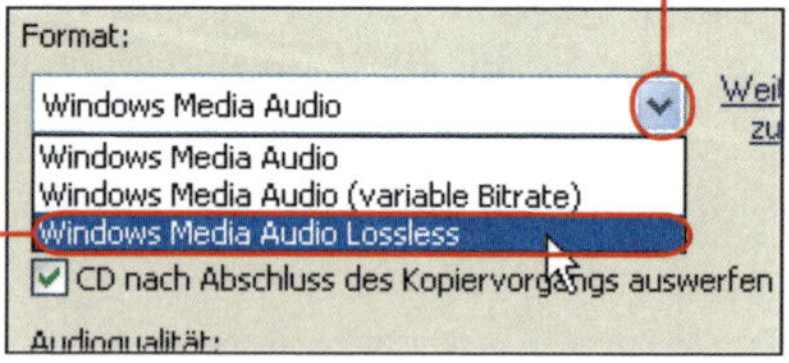

→ Der erste Eintrag, „Windows Media Audio“, ermöglicht eine platzsparende Speicherung. Die Qualität reicht für mobile Abspielgeräte aus.

→ Der letzte Eintrag, „Windows Media Audio Lossless“, steht für die höchste Qualitätsstufe, die auch den meisten Speicherplatz benötigt. Wenn Sie vorhaben, die Musik später auf CD zu brennen oder sie mit einer Stereoanlage abzuspielen, sollten Sie diesen Eintrag wählen.

Klicken Sie nach der Auswahl auf

.

4 Daraufhin wird die Musik-CD kopiert. Sollten Sie zu jenem Zeitpunkt mit dem Internet verbunden sein, holt sich der Windows Media Player automatisch auch die Informationen zur eingelegten CD aus dem Netz und fügt diese den kopierten Musiktiteln hinzu.

Nach Abschluß des Kopiervorgangs wird die CD automatisch ausgeworfen.

5 Wenn Sie danach in der linken Leiste des Media Players auf die Schaltfläche

klicken, finden Sie Ihre kopierte CD in der Musiksammlung.

Musikdateien und Radio hören mit dem Media Player

Wie eingangs erwähnt, können Sie mit dem Windows Media Player sowohl die kopierten Dateien auf der Festplatte als auch Musik-CDs anhören. Darüber hinaus kann das Programm noch Radiosendungen wiedergeben, die im Internet übertragen werden.

Musik aus der Musiksammlung abspielen

In der Musiksammlung werden alle Musikdateien gesammelt, die Sie zum Beispiel im Internet gekauft oder von einer CD auf die Festplatte kopiert haben.

1 Starten Sie den Windows Media Player mit einem Doppelklick auf sein Symbol,

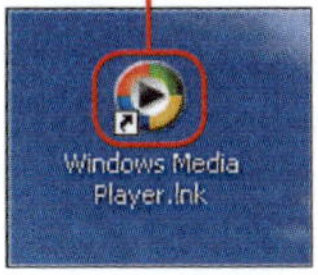

und klicken Sie dann auf die Schaltfläche

,

damit die Medienbibliothek geöffnet und Ihre Musiksammlung angezeigt wird.

2 Wenn Sie dort auf einen Eintrag für ein gespeichertes Musikalbum klikken, beispielsweise ●,

werden im rechten Teil des Media Players die Musiktitel sichtbar, die in diesem Ordner versammelt sind.

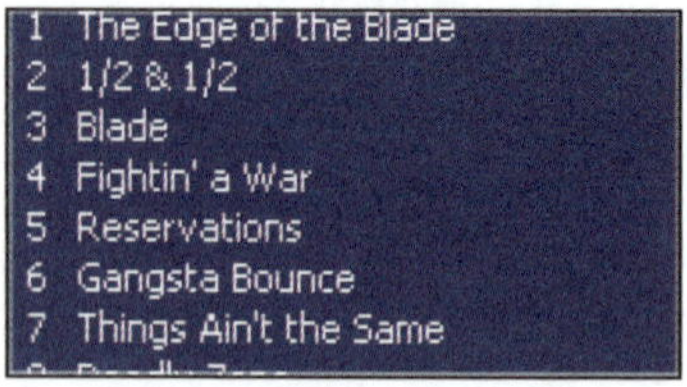

3 Um einen Titel dieses Albums anhören zu können, öffnen Sie das Musikstück per Doppelklick auf den entsprechenden Eintrag.

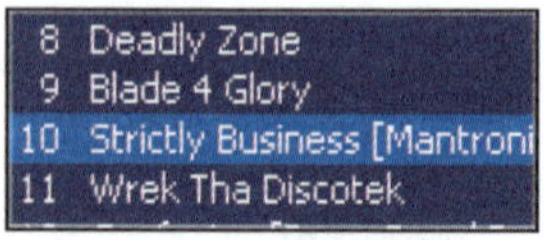

Daraufhin wird das Musikstück abgespielt.

4 Möchten Sie sämtliche Titel eines ganzen Albums hintereinander anhören, ist auch das kein Problem. Ein Doppelklick auf den Eintrag für das Album

- und alle Titel des Albums werden nacheinander abgespielt.

5 Wenn Sie dann im Media Player noch auf die Schaltfläche

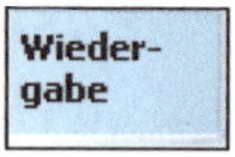

klicken, wird im rechten Teil des Fensters nicht nur die Abspielliste, sondern auch der Umschlag des Albums eingeblendet.

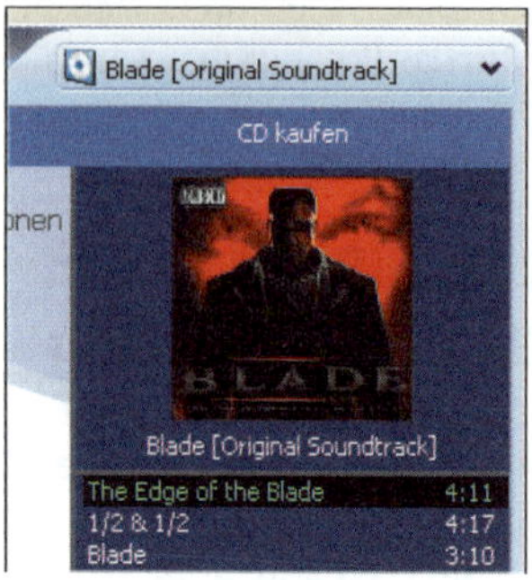

Radio hören per Internet

Es gibt heutzutage mehrere tausend Internetradio-Sender, und ein Ende der Fahnenstange ist nicht in Sicht. Mit Hilfe des Windows Media Players können Sie auf die enorme Zahl unterschiedlichster Sender zugreifen und sich bequem Ihre Wunschsendungen anhören.

1 Wenn Sie im geöffneten Windows Media Player auf die Schaltfläche

klicken, wird eine Kurzliste verfügbarer Radiosender angezeigt, die über das Internet zu empfangen sind.

Per Klick auf einen Eintrag erhalten Sie Informationen zu dem jeweiligen Sender.

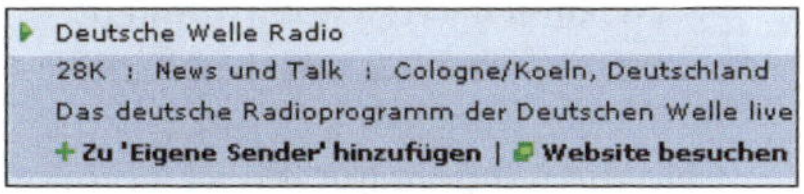

2 Um den Sender anzuhören, klicken Sie einfach auf ●.

,

Daraufhin wird die Verbindung zum entsprechenden Sender aufgenommen und das laufende Programm wiedergegeben.

3 Falls Ihnen die direkt angebotenen Sender nicht ausreichen oder Ihr Lieblingssender nicht dabei sein sollte, können Sie die Auswahl fast bis ins Unendliche erweitern. Klicken Sie dazu im Senderfenster auf eine Sparte, die Ihnen besonders zusagt, im Beispiel ●.

Anschließend können Sie sehen, welche Sender diese Sorte Musik bevorzugt im Programm haben.

4 Sollten Sie auch unter diesen Sendern nicht die passende Musik finden, klicken Sie im linken Teil des Fensters auf das Dreieck und wählen aus der aufgeklappten Liste die gewünschte Musikrichtung aus, etwa .

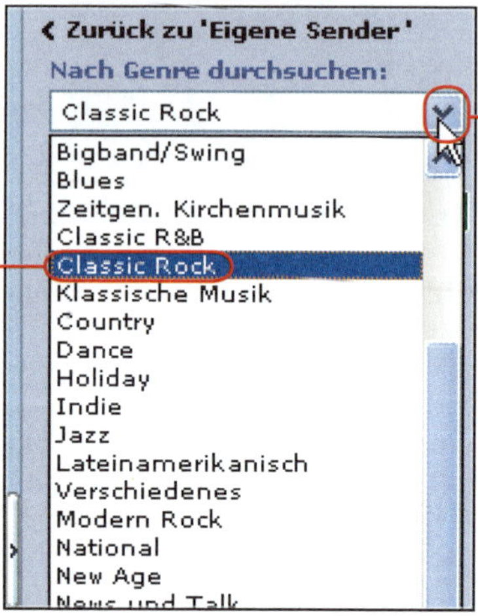

5 Selbstverständlich können Sie auch direkt nach einem bestimmten Sender suchen. Klicken Sie dazu auf den Eintrag,

,

und tippen Sie in das Textfeld für die Sendersuche

den Namen Ihres Wunschsenders ein, beispielsweise .

Klicken Sie dann auf den grünen Pfeil.

6 Kurz darauf wird die Liste mit den Sendern, die Ihrer Suchanfrage entsprechen, angezeigt.

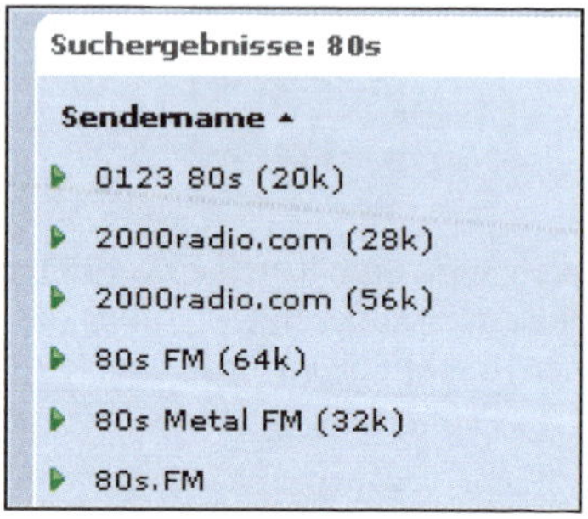

Für nähere Informationen zu einem Sender klicken Sie dann wieder auf den Sendernamen.

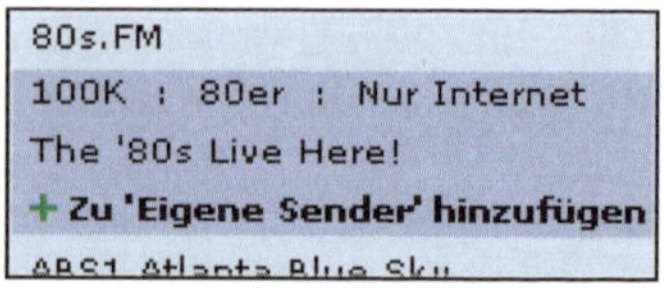

Und um die Wiedergabe Ihres Lieblingsprogramms zu starten, genügt auch hier ein Klick auf den Eintrag .

Videos und Musik verwalten

Da der Windows Media Player all Ihre Multimediadateien sammeln und verwalten kann, haben Sie immer schnellen Zugriff auf Ihre Videos und Musikstükke. Als erstes lassen Sie alle Musik- und Videodateien, die sich verstreut auf Ihrer **Festplatte** befinden, an einem Ort zusammenfassen, und danach können Sie diese so anordnen, wie es Ihren Wünschen entspricht.

Musik- und Videodateien in den Media Player aufnehmen

Beschleunigen Sie den Zugriff auf Ihre Video- und Musikdateien, indem Sie sie komplett in den Windows Media Player übertragen.

1 Klicken Sie dazu im gestarteten Windows Media Player in der Menüleiste zunächst auf den Eintrag ●, danach auf ●

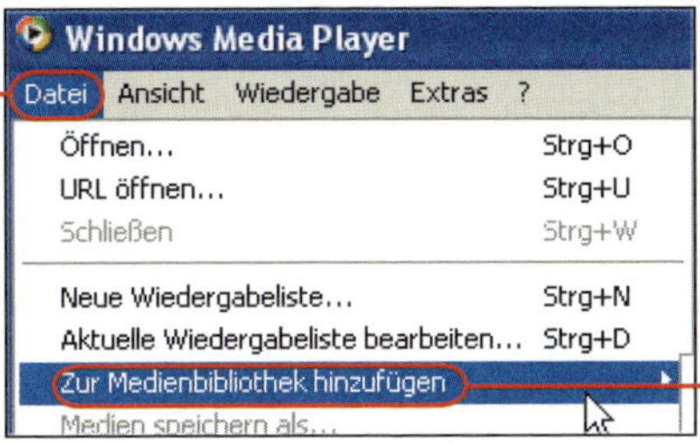

und schließlich im geöffneten Untermenü auf den Eintrag ●.

2 Als nächstes müssen Sie die Festplatte auswählen, deren Multimediadateien im Media Player aufgenommen werden sollen, im Beispiel ●.

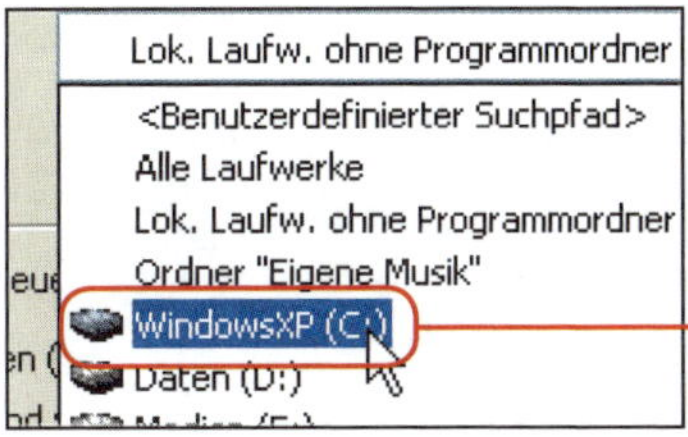

3 Wenn Sie dann auf die Schaltfläche

klicken, durchforstet der Media Player die angegebene Festplatte.

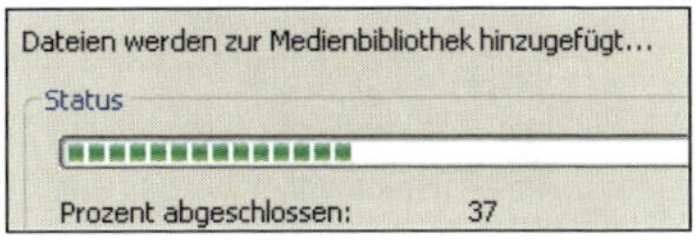

Nach Abschluß dieser Prozedur

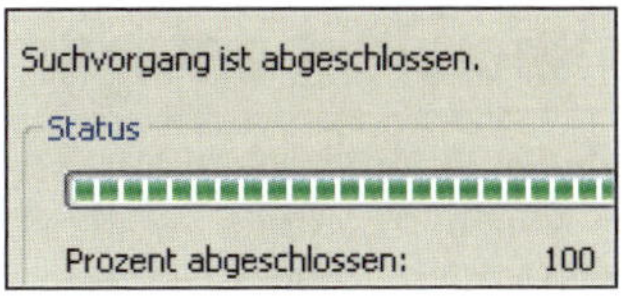

genügt ein Mausklick auf die Schaltfläche 

.

4 Klicken Sie künftig im Windows Media Player auf die Schaltfläche

, werden alle Mediendateien angezeigt, die sich auf der gewählten Festplatte befinden.

Dabei handelt es sich allerdings nicht nur um Musikdateien, sondern auch um Videos, die gespeichert wurden.

Abspiellisten zur besseren Übersicht anlegen

Der Media Player kann die Musikstücke nach Künstlern, Alben oder Sorten (Genres) sortieren. Entscheiden Sie selbst, was Ihnen am besten gefällt. Dazu legen Sie sogenannte Wiedergabelisten an, in denen Sie die von Ihnen bevorzugte Reihenfolge der Titel festlegen.

1 Klicken Sie in der **Menüleiste** des Media Players auf den Eintrag ●, und wählen Sie mit einem Mausklick den Eintrag ● aus.

Daraufhin wird eine Liste der verfügbaren Musiktitel angezeigt.

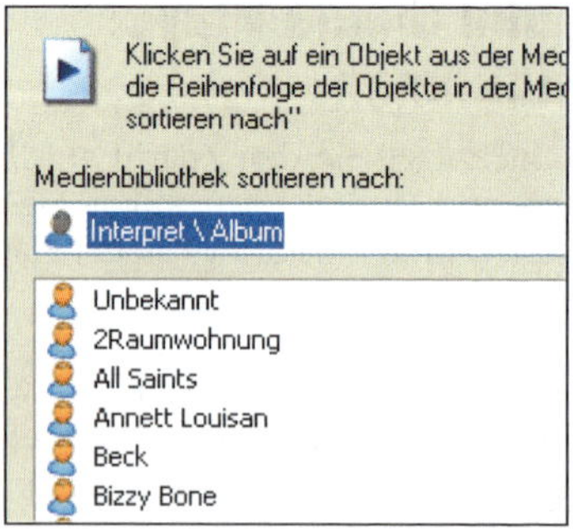

2 Um Ihre Musikstücke wunschgemäß zusammenzustellen, klicken Sie einen Titel mit der rechten (!) Maustaste an ● und danach im geöffneten Kontextmenü auf ●.

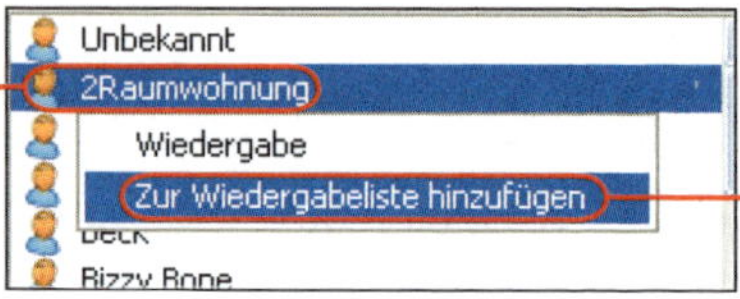

3 Wiederholen Sie den Vorgang mit allen Musikstücken, die Sie automatisch nacheinander hören wollen. Die ausgewählten Titel erscheinen dann im rechten Fensterbereich als neue Wiedergabeliste.

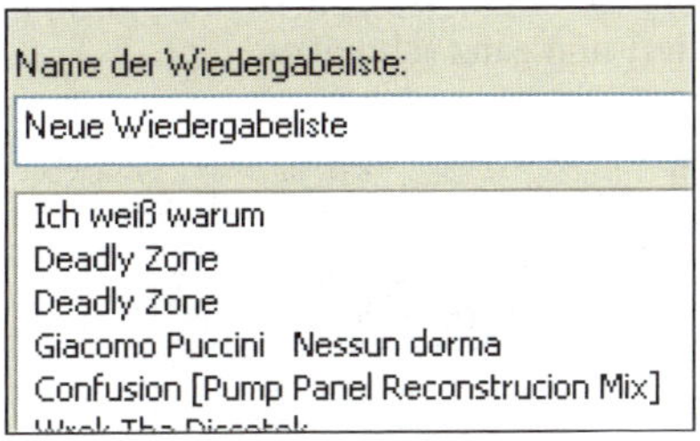

4 Zwecks besserer Übersicht sollten Sie Ihrer Wiedergabeliste noch einen Namen geben. Tippen Sie diesen in das Textfeld ein,

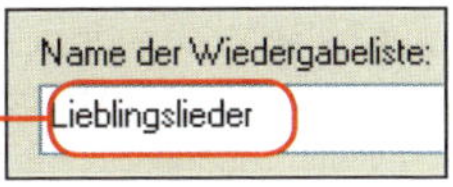

und klicken Sie anschließend auf die Schaltfläche

.

5 Die neue Wiedergabeliste taucht dann in den eigenen Wiedergabelisten auf. Ein Doppelklick auf diese Liste – und die Titel werden automatisch nacheinander abgespielt.

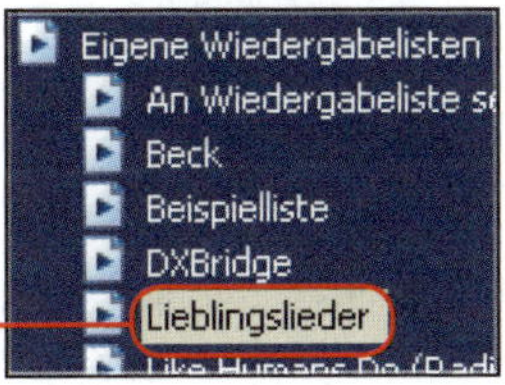

Musik im Internet bei Musicload kaufen

Mittlerweile können Sie Ihre Musik bequem im Internet kaufen. Der Vorteil besteht nicht nur in der Bequemlichkeit, mit der Sie sich Ihre Lieblingsmusik praktisch „vom Sofa aus“ besorgen können. Von entscheidender Bedeutung ist darüber hinaus die Möglichkeit, daß Sie nicht immer ganze Alben kaufen müssen, sondern auch einzelne Lieder erwerben können. Zum Beispiel bei Musicload. Sie finden Musicload unter der Internetadresse:
http://www.musicload.de

1 Geben Sie die Internetadresse per Tastatur in Ihrem Internet-Zugriffsprogramm in das Adreßfeld ein:

Nachdem Sie mit ↵ bestätigt haben, wird die Seite von Musicload geladen und angezeigt.

musicload

Von hier aus haben Sie bequemen Zugriff auf Musik aus allen Sparten.

→Mit einem Doppelklick auf den Eintrag landen Sie zum Beispiel bei den Musikhitparaden (Charts) ● oder bei einer Auswahl der Interpreten ●.

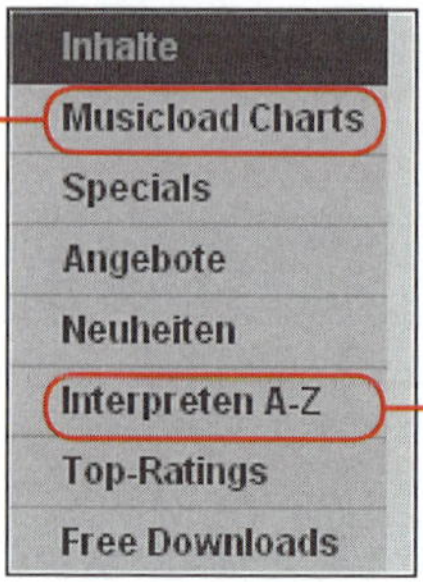

→Direkt auf der Eingangsseite von Musicload können Sie kostenlos in ganz neue Musikstücke hineinhören. Dafür klicken Sie neben dem Titel einfach auf das Lautsprechersymbol ●.

Anschließend wird der Musiktitel geladen und angespielt.

Die Anmeldung bei Musicload

Wenn Sie einen bestimmten Musiktitel kaufen wollen, müssen Sie sich zuerst anmelden. Der Vorgang ist nicht kompliziert und ganz schnell erledigt.

1 Klicken Sie auf der Startseite von Musicload auf die Schaltfläche ●,

und tragen Sie im dann geöffneten Fenster per Tastatur die erforderlichen Daten ein.

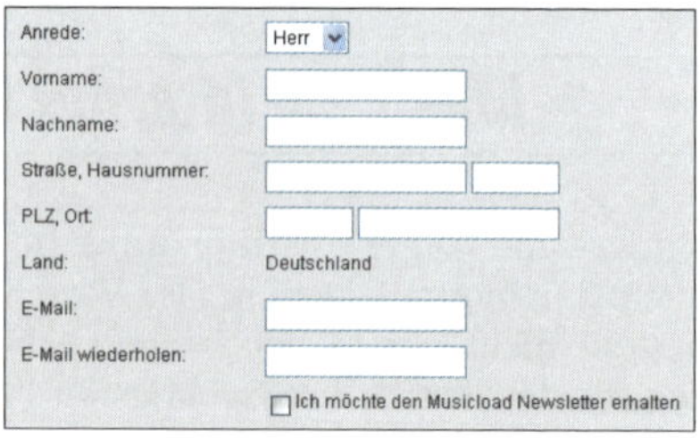

→Möchten Sie auch regelmäßig über Neuigkeiten von Musicload informiert werden, klicken Sie das entsprechende Kästchen an, so daß darin ein Häkchen erscheint: ●

2 Im unteren Teil des Fensters müssen Sie noch einen frei wählbaren Benutzernamen und ein Paßwort eingeben

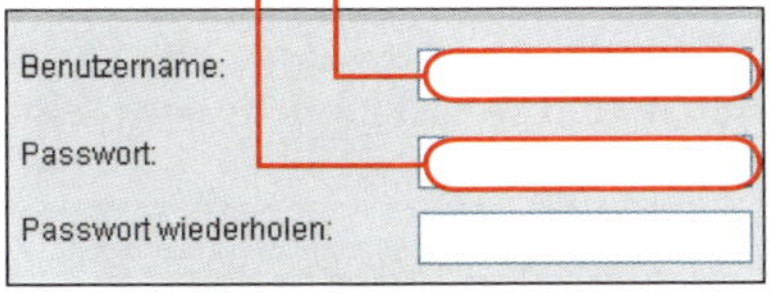

→ Mit dem Benutzernamen melden Sie sich in Zukunft bei Musicload an. Sie können diesen Namen selbst bestimmen, müssen allerdings darauf achten, daß er zwischen 6 und 10 Zeichen hat. Der ganze Name muß in Kleinbuchstaben geschrieben werden, Umlaute wie ö oder ä dürfen nicht auftauchen, und Sonderzeichen wie zum Beispiel das Sternchen * sind ebenfalls verboten. Es dürfen auch keine Leerzeichen zwischen Teilen des Benutzernamens eingefügt werden.

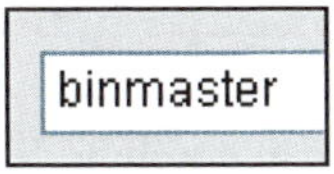

→ Auch ein Paßwort ist notwendig, damit sich keiner unerlaubt unter Ihrem Namen anmelden kann.

Die Eingabe des Paßwortes erfolgt zur Sicherheit verdeckt, so daß keiner Ihre Eingabe sehen kann. Das Paßwort soll ebenso mindestens aus 6 beliebigen Zeichen bestehen, darf aber nicht mehr als 10 Zeichen lang sein.

→ Da Sie die Eingabe des Paßwortes auch selbst nicht sehen können, müssen Sie sie zur Sicherheit im zweiten Feld wiederholen.

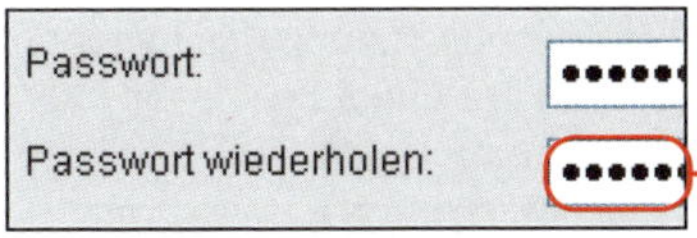

3 Klicken Sie danach auf die Schaltfläche

.

Daraufhin wird eine Meldung eingeblendet, die Sie per Mausklick auf beantworten.

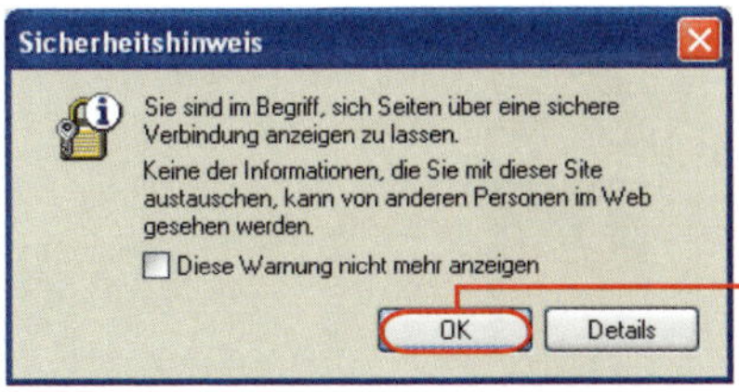

Alle weiteren Schritte werden über eine sichere Verbindung abgewickelt, so daß Ihre Daten nicht in falsche Hände gelangen können.

Musik auf den Rechner herunterladen

Sie sind jetzt im gesicherten Bereich von Musicload und können Ihre Musiktitel auswählen und herunterladen.

1 Geben Sie dazu in das Suchfeld per Tastatur den Namen des Interpreten oder den Titel eines Liedes ein, das Sie überspielen möchten.

Klicken Sie danach auf die Schaltfläche

.

2 Kurze Zeit später wird das Ergebnis der Suche eingeblendet.

Wenn Sie von einem Album nur ein bestimmtes Lied herunterladen möchten, klicken Sie auf den Eintrag.

3 Daraufhin werden Ihnen die einzelnen Titel des Albums in einer Liste präsentiert.

Neben der Liste sehen Sie auch, was der einzelne Titel kostet.

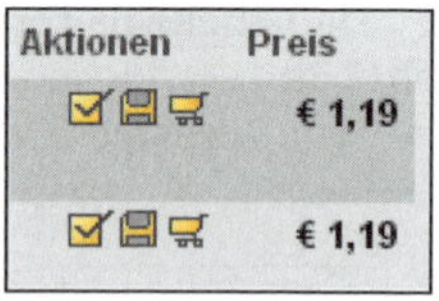

Um ein Stück auszuwählen, klicken Sie auf das Kästchen neben der Preisangabe. Erscheint darin ein Häkchen, ist der Titel ausgewählt.

,

Dann brauchen Sie nur noch auf die Schaltfläche zu klicken.

4 Nun wird Ihre Auswahl angezeigt, und gleichzeitig erfahren Sie, welche Rechte Sie an dem gekauften Lied erwerben.

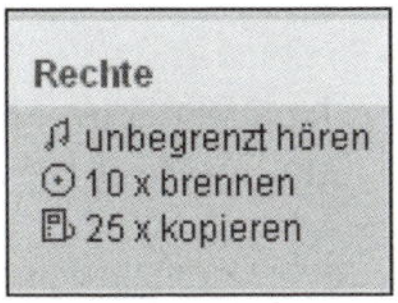

→ „Unbegrenzt hören" bedeutet, daß die Musikdatei auf Ihrem Rechner gespeichert wird und nicht nach einer bestimmten Zeit wieder gelöscht wird.

→ „10 x brennen" bedeutet, daß Sie das Lied zehnmal auf eine CD brennen dürfen, um das Musikstück auf einem CD-Player auch unterwegs hören zu können.

→ „25 x kopieren" bedeutet, daß Sie das Musikstück 25mal auf ein MP3-Abspielgerät kopieren dürfen.

5 Im unteren Teil des Fensters wird Ihnen erläutert, welche Möglichkeiten der Bezahlung es gibt.

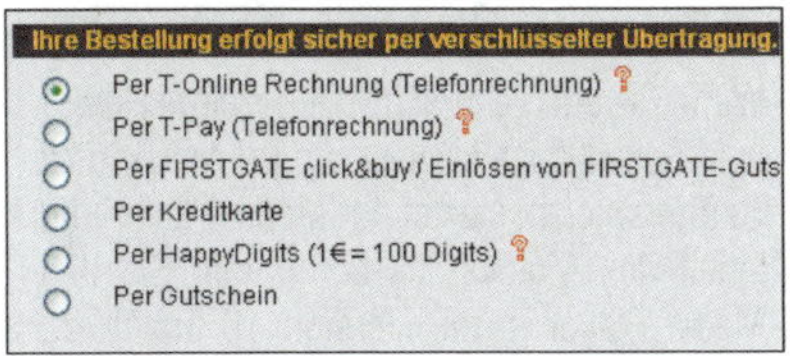

Haben Sie einen Telefonanschluß bei der Telekom, können Sie per Telefonrechnung bezahlen. Sind Sie jedoch kein Telekom-Kunde, können Sie die Rechnung auch direkt per Kreditkarte bezahlen. Dazu klicken Sie auf den entsprechenden Eintrag, so daß im Kreis daneben ein grüner Punkt erscheint.

Klicken Sie anschließend auf

.

6 Damit der Bezahlvorgang sicherer abgewickelt wird, müssen Sie sich mit Benutzernamen und Paßwort anmelden. Geben Sie also Ihren Benutzernamen und Ihr Paßwort per Tastatur in die entsprechenden Textfelder ein,

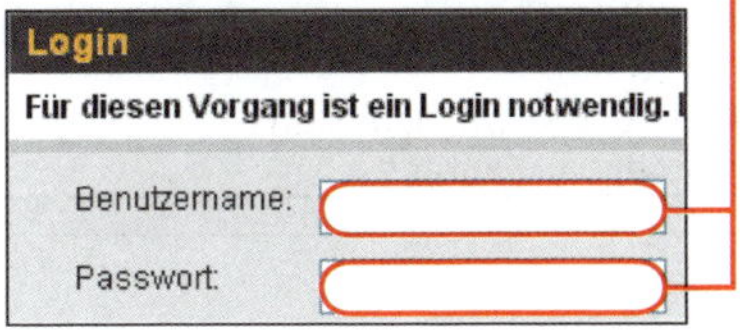

und klicken Sie dann auf die Schaltfläche

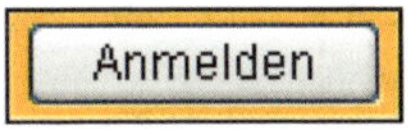

.

Wieder erscheint der Sicherheitshinweis, den Sie per Mausklick auf beantworten.

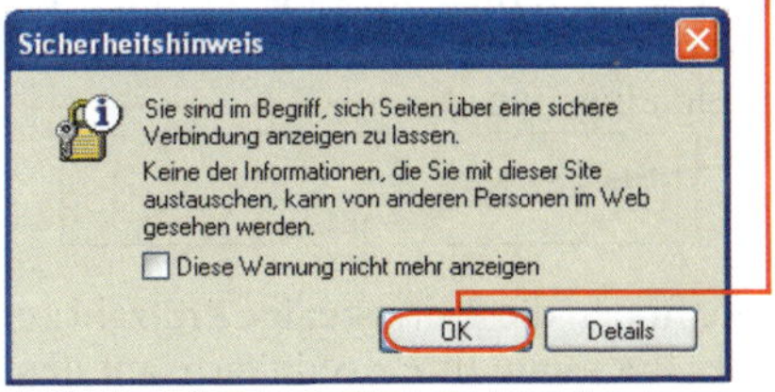

7 Daraufhin wird die Internetseite für die Bezahlung über eine sichere Verbindung angezeigt. Sie erkennen eine geschützte Verbindung an dem kleinen geschlossenen Schloß am unteren Fensterrand.

Auf der Seite müssen Sie zunächst Ihre Kreditkarte auswählen. Klicken Sie dazu neben denm Eintrag auf das Dreieck, und wählen Sie per Mausklick Ihre Kreditkarte aus der Liste aus.

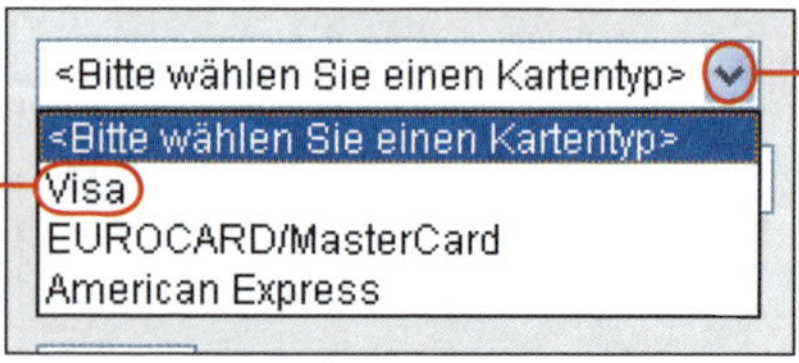

→ In die Felder darunter tragen Sie Ihre Kartennummer und die Gültigkeitsdauer Ihrer Karte ein.

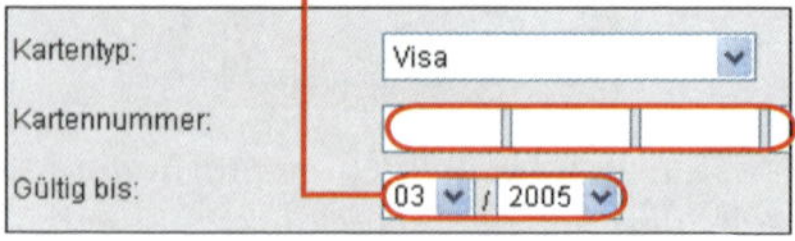

→ Zur Sicherheit müssen Sie auch die Kartenprüfzahl in das entsprechende Feld eingeben.

Sie finden diese dreistellige Prüfzahl auf der Rückseite Ihre Kreditkarte auf dem Streifen mit Ihrer Unterschrift.

Klicken Sie dann auf die Schaltfläche

.

8 Auf der folgenden Seite erhalten Sie eine Bestätigung Ihrer Bestellung.

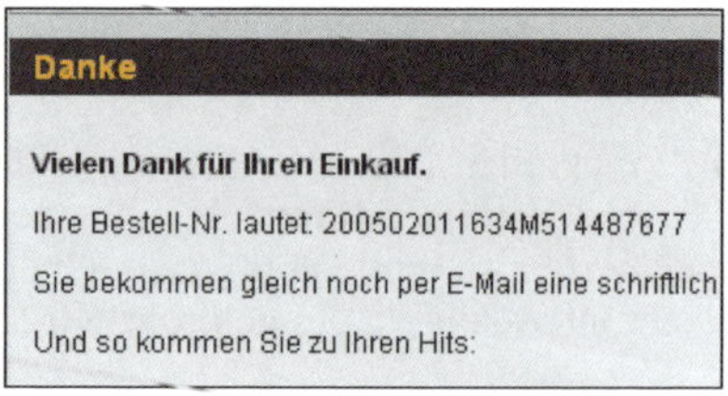

Gleichzeitig wird die Bestätigung zusätzlich an Ihre E-Mail-Adresse geschickt. Damit Ihr Wunschtitel heruntergeladen wird, klicken Sie nun auf die Schaltfläche.

! Herunterladen oder anhören

Wenn Sie auf die in Schritt 8 gezeigte Download-Schaltfläche klicken, um Ihr Musikstück zu überspielen, startet der Media Player und spielt das Musikstück ab. Haben Sie den Media Player in der Version 10 installiert, wird Ihre Datei dabei jedoch nicht automatisch gespeichert. Sollten Sie nicht wissen, welche Version des Media Players Sie installiert haben, ist es sicherer, die Datei erst auf der Festplatte zu speichern.

Ihr System wird dann überprüfen, ob ein Media Player installiert ist, und gleichzeitig wird die Lizenz für das Musikstück installiert (siehe auch Seite 60).

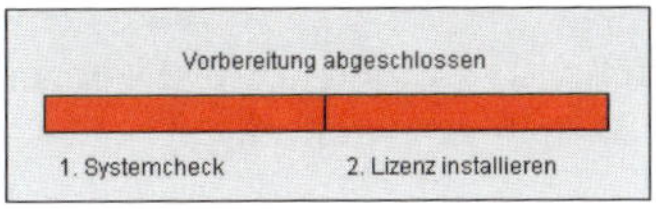

9 Um die Musikdatei auf Ihrem Rechner zu speichern, klicken Sie mit der rechten (!) Maustaste auf die Schaltfläche ●.

Bestimmen Sie dann per Mausklick auf den Eintrag ●, daß Sie die Datei auf der Festplatte speichern möchten,

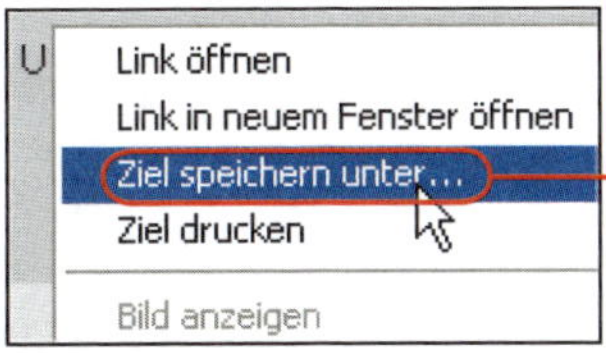

und wählen Sie den Ordner für Ihre Musikdateien aus ●.

Es folgt ein Klick auf die Schaltfläche

.

10 Anschließend wird die Datei auf die Festplatte in das Verzeichnis für eigene Musik übertragen.

Ist der Vorgang abgeschlossen, klicken Sie auf die Schaltfläche

.

Künftig finden Sie Ihre Musikdatei im angegebenen Ordner.

Musikdateien abspielen und Lizenzen sichern

Zur gekauften Musik gehört eine Lizenzdatei, die Sie zum Abspielen, Brennen und Kopieren berechtigt. Diese wird normalerweise automatisch beim Kauf auf den PC überspielt. Ohne Lizenz spielt die gekaufte Musik nicht. Speichern Sie deshalb die Musikdateien und die Lizenzen an einem sicheren Ort.

1 Im geöffneten Media Player klicken Sie in der Menüleiste auf und danach auf den Eintrag .

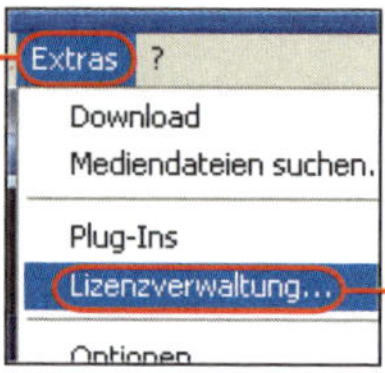

2 Die Lizenzverwaltung wird daraufhin geöffnet und schlägt einen Speicherort für Ihre Lizenzschlüssel vor .

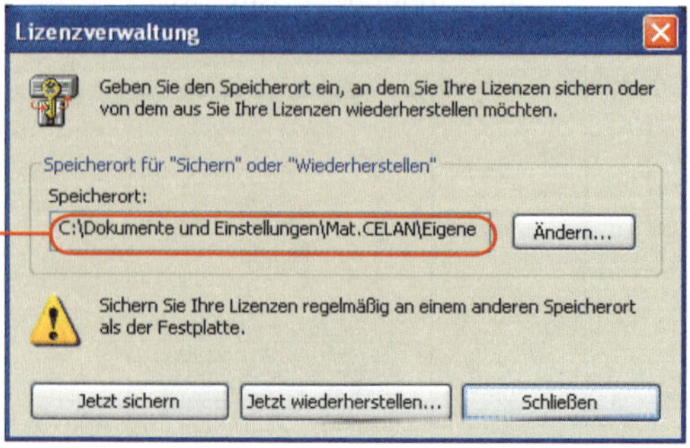

Zur Bestätigung klicken Sie auf die Schaltfläche

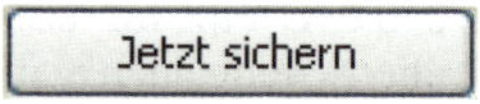

.

Anschließend werden Ihre Lizenzen wunschgemäß gespeichert.

3 Wenn Sie dann die Musikdatei mit einem Doppelklick auf das Dateisymbol starten,

wird das Musikstück problemlos abgespielt.

4 Ohne gültige Lizenzen können Sie die Musiktitel, wie eingangs erwähnt, nicht abspielen. Damit Ihre Lizenzschlüssel nicht verlorengehen, sollten Sie diese entweder auf eine Diskette oder auf einen Speicherstift sichern. Starten Sie einfach wieder die Lizenzverwaltung wie in Schritt 1 gezeigt, und klicken Sie neben der Angabe für den Speicherort auf die Schaltfläche

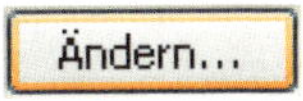

.

5 Daraufhin wird der Dateimanager geöffnet. Wählen Sie per Mausklick Ihren Speicherstift aus,

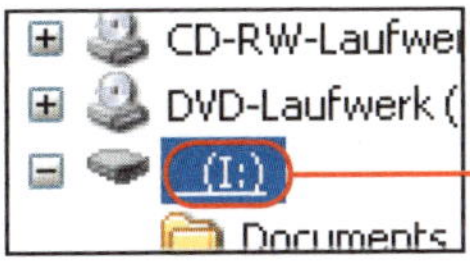

bevor Sie dann auf klicken.

6 Sollten Ihre Lizenzen verlorengegangen sein, können Sie sie jetzt auf die gleiche Weise wiederherstellen. Führen Sie erneut Schritt 1 des Abschnitts aus, und klicken Sie dann auf die Schaltfläche

.

7 Bei dem Vorgang muß Ihr Rechner mit dem Internet verbunden sein, damit überprüft werden kann, ob Sie die Lizenzen auch rechtmäßig erworben haben.

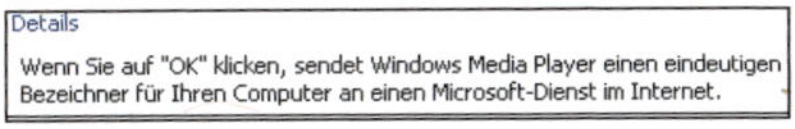

Sind Sie damit einverstanden, klicken Sie auf

.

Danach werden Ihre Lizenzschlüssel wiederhergestellt.

Musik bei MSN Music kaufen

Die Musikanbieter im Internet haben natürlich nicht alles, was es auf dem Markt gibt. Jeder hat ein anderes Angebot, und auch in der Art und Weise, wie und zu welchen Bedingungen man an die Musikstücke kommt, unterscheiden sie sich. Deshalb sollten Sie einfach mehrere Anbieter testen und anschließend den nehmen, der Ihnen zusagt. Auch bei Microsoft Network (MSN) finden Sie eine riesige Anzahl an Musikstücken, so daß garantiert keine Langeweile aufkommt.

Die Anmeldung bei MSN Music

1 Öffnen Sie die Seite von Microsoft Network (MSN), indem Sie die Internetadresse in das Adreßfeld des Internet Explorers eingeben und auf ↵ klikken.

2 Wenn Sie dann im linken Teil der MSN-Seite auf den Eintrag

und im nachfolgenden Fenster auf

klicken, wird das Anmeldefenster angezeigt, in dem zunächst ein Klick auf genügt.

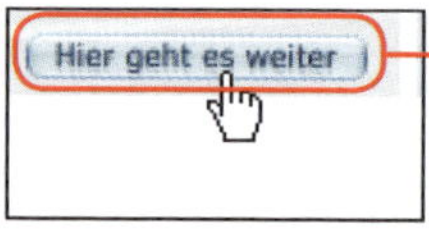

.

3 Anschließend werden Ihnen die einzelnen Möglichkeiten der Bezahlung vorgestellt und die Preise angezeigt.

Und schon geht's los:
Das Anhören eines Songs kostet nur **1 Cent**. Downloads sind je Titel für **€ 0,99** und pro Album für **€ 9,99** erhältlich. Und auf diese Preise geben wir bis zu **25% Preisnachlass**!

Entscheiden Sie sich für ein Modell, etwa ,

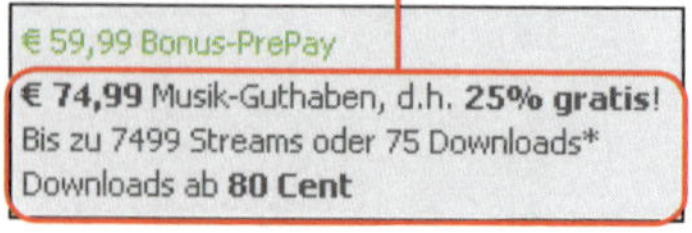

und klicken Sie dann neben dem Eintrag auf die Schaltfläche .

4 Danach sehen Sie schon Ihr künftiges Guthaben.

Klicken Sie einfach auf

.

5 Das folgende Fenster ist für die Angabe der persönlichen Daten vorgesehen. Tippen Sie also die erforderlichen Daten in die entsprechenden Felder ein.

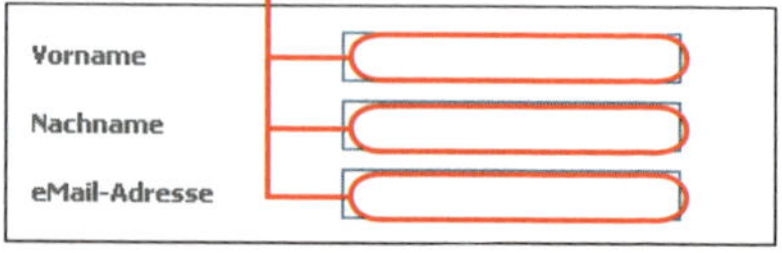

Wie bei Anmeldungen im Internet üblich, müssen Sie auch noch einen Benutzernamen und ein Paßwort eingeben. Zur Sicherheit muß das Paßwort wiederholt werden.

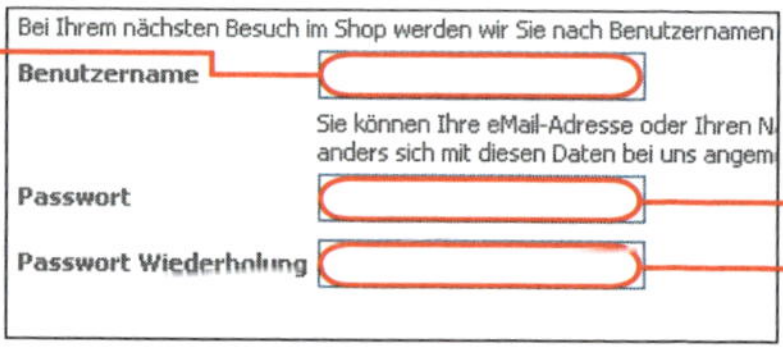

Zum Schluß folgt ein Mausklick auf

.

> **Paßwort und Benutzername**
>
> Damit ein Paßwort nicht zu leicht erraten werden kann, sollte es aus Buchstaben und Zahlen bestehen. Als Benutzernamen können Sie zum Beispiel Ihre E-Mail-Adresse angeben. Falls der gewählte Benutzername bereits vergeben sein sollte, werden Sie darauf hingewiesen und müssen einen anderen wählen.

6 Schließlich müssen Sie noch festlegen, wie Sie online bezahlen wollen.

Klicken Sie dazu auf das Dreieck ●, treffen Sie Ihre Wahl, beispielsweise ●,

und geben Sie dann die notwendigen Daten (Kartennummer, Ihren Namen und Gültigkeitsdauer Ihrer Karte) ein.

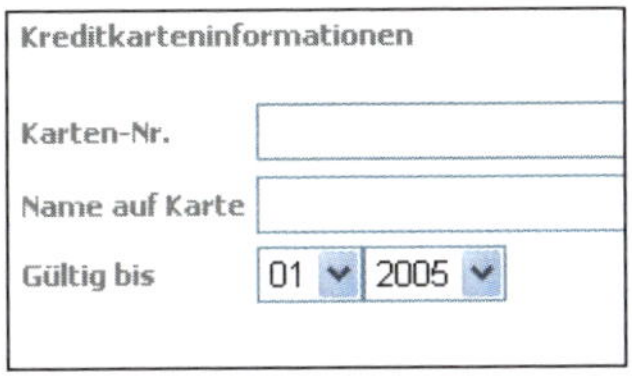

Damit sind Sie dann registriert und klikken einfach auf

.

Musik erwerben bei MSN Music

Als registrierter Benutzer bei MSN Music können Sie sich ganz bequem Ihre Wunschtitel auswählen und auf der Festplatte speichern. Dabei ist es gleichgültig, ob Sie sich die Musik zuerst aussuchen und sich dann zur Übertragung des ausgewählten Titels anmelden oder umgekehrt.

1 Folgen Sie den Schritten 1 und 2 des vorigen Abschnitts bis zum Punkt ●.

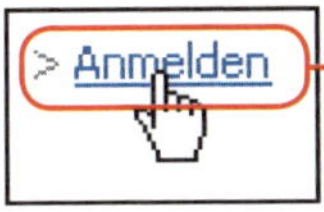

Geben Sie dann Ihren Namen und das Paßwort ein,

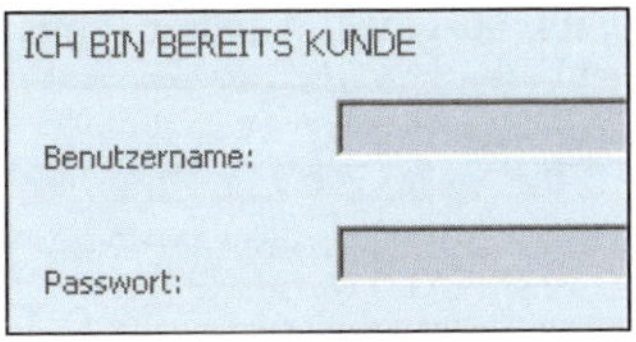

und klicken Sie anschließend auf

.

2 Daraufhin werden diverse Titel angezeigt, von denen Sie sich dann direkt einen aussuchen können.

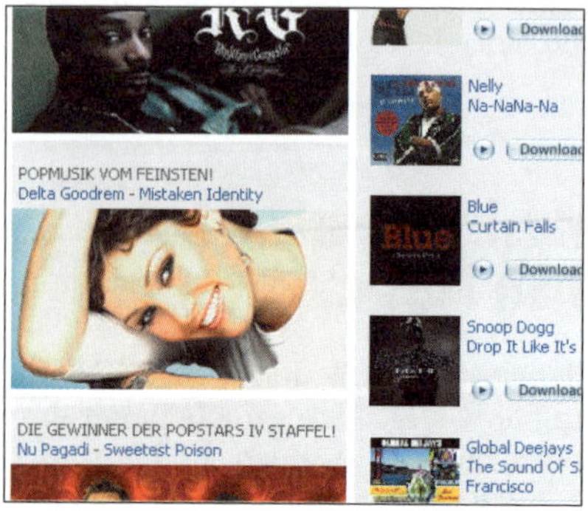

Möchten Sie jedoch einen bestimmten Titel überspielen, wählen Sie zuerst per Mausklick auf den Eintrag die Art der Musik (das Genre) aus.

3 Sobald Sie aus der Liste mit verfügbaren Titeln das gewünschte Stück per Mausklick ausgewählt haben, zum Beispiel ,

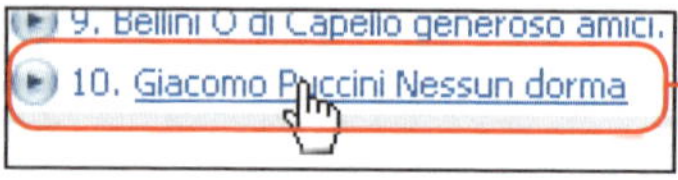

erhalten Sie Informationen dazu.

4 Möchten Sie sich den Titel direkt anhören, klicken Sie auf die Schaltfläche . Direkt daneben können Sie auch den Preis ablesen.

Wollen Sie das Musikstück auf der Festplatte zur Weiterverwendung speichern, klicken Sie auf die darunterliegende Schaltfläche .

5 Um zu erfahren, was Sie mit dem übertragenen Musikstück anfangen können, folgt ein Mausklick auf den Eintrag .

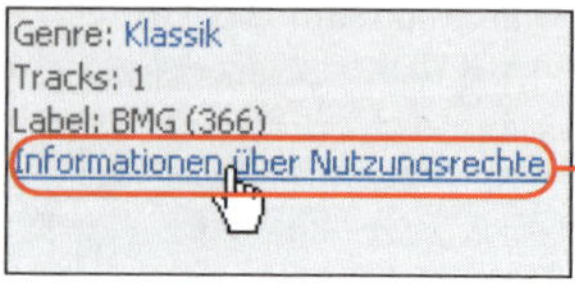

Daraufhin werden Sie über Rechte und Einschränkungen informiert.

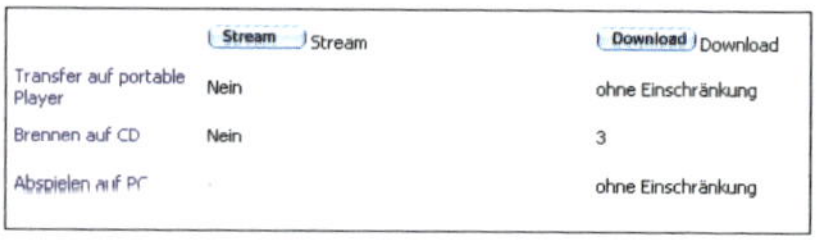

	Stream	Download
Transfer auf portable Player	Nein	ohne Einschränkung
Brennen auf CD	Nein	3
Abspielen auf PC		ohne Einschränkung

Die wichtigste Einschränkung besteht darin, daß Sie das Musikstück im Beispiel als Sicherungskopie nur dreimal auf eine CD brennen dürfen.

6 Sollten Sie sich dazu entschieden haben, das Musikstück zu kaufen und auf Ihren Rechner zu überspielen, klikken Sie auf ●.

Daraufhin erhalten Sie den Hinweis, daß Sie zuerst den Music Manager von Microsoft herunterladen müssen. Klicken Sie dazu auf die Schaltfläche ●.

7 Auch in den nächsten Fenstern brauchen Sie, wenn Sie dazu aufgefordert werden, jeweils nur auf

zu klicken. Zum Schluß der Installation reicht ein Klick auf die Schaltfläche

8 Nach der Installation des Music Managers wird die erfolgte Übertragung des Musiktitels sofort angezeigt.

iTunes, das andere Internetmusik-Kaufhaus

Ein sehr gutes Musikportal ist auch das sogenannte „iTunes" von Apple. Sie finden das Programm, mit dem Sie Musikstücke kaufen und herunterladen können, unter der Internetadresse:
http://www.apple.com/itunes
Obwohl Apple normalerweise nicht mit Windows verträglich ist, funktioniert iTunes auch auf einem Windows-Rechner. Sie müssen lediglich darauf achten, daß Sie die *Windows*-Version des Programms herunterladen.

Haben Sie das Programm auf Ihre Festplatte überspielt und den Anweisungen entsprechend installiert, steht auch bei iTunes dem Musikkauf nichts mehr im Wege.

Wenn Sie dann auf die Schaltfläche ●

klicken, finden Sie den soeben gekauften Musiktitel in Ihrem Musikordner wieder.

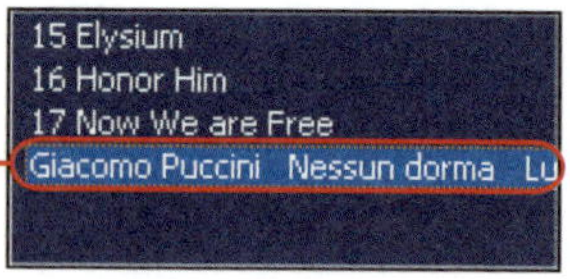

Musikdateien auf CD brennen

Wohl jeder möchte seine Lieblingslieder oder Musikalben nicht nur zu Hause, sondern mitunter auch unterwegs hören, zum Beispiel im Auto oder beim Joggen. Und dabei wollen Sie natürlich vermeiden, daß Ihrer teuren Musik-CD etwas zustößt. Die einfachste Lösung: Machen Sie eine Kopie der Musik-CD. Wie Sie wissen, ist der Windows Media Player bestens dafür gerüstet, Musik von der **Festplatte** komfortabel auf CD zu brennen.

1 Klicken Sie als erstes im geöffneten Media Player am linken Rand auf die Schaltfläche

und im nachfolgenden Fenster auf den nach unten weisenden Pfeil.

2 Darauf werden Ihre Musikdateien in einer Liste angezeigt.

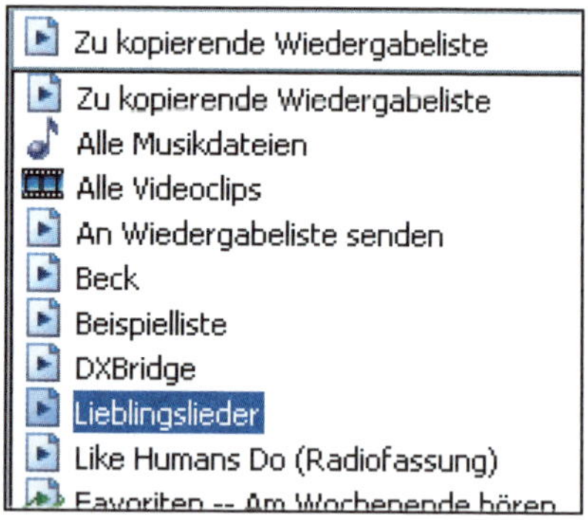

Klicken Sie einfach den Eintrag einer Wiedergabeliste an, deren Titel Sie auf CD brennen möchten.

Wie Sie Wiedergabelisten anlegen, haben Sie im Abschnitt „Abspiellisten zu besseren Übersicht anlegen“ ab Seite 52 gesehen.

3 Anschließend wird der Inhalt der Wiedergabeliste im Detail aufgeführt.

Falls Sie jetzt den einen oder anderen Titel *nicht* auf CD brennen möchten, klicken Sie in das Kästchen davor, so daß das Häkchen darin verschwindet.

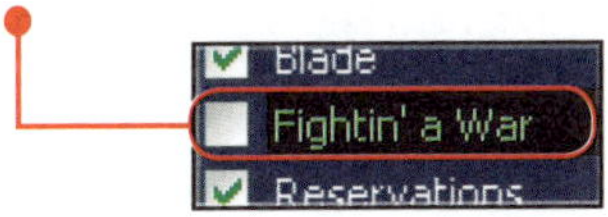

Eine solche Datei wird dann nicht mit auf die CD gebrannt.

4 Nachdem Sie Ihre Wahl getroffen haben, legen Sie einen Rohling in Ihr CD-Laufwerk ein. Am unteren Rand des rechten Fensterbereichs können Sie ablesen, wieviel Platz auf der eingelegten CD noch frei ist.

Und im linken Fensterbereich, in dem Ihre Dateien aufgelistet sind, wird angegeben, wieviel Platz diese Dateien auf dem **Rohling** benötigen werden.

Sollten die von Ihnen ausgewählten Dateien nicht alle auf die CD passen, müssen Sie einzelne Titel davon entfernen, wie es in Schritt 3 gezeigt wurde.

5 Damit die Dateien nun auf die CD gebrannt werden, klicken Sie einfach auf die Schaltfläche

.

Daraufhin beginnt der Kopiervorgang,

den Sie im Dateifenster auch mitverfolgen können.

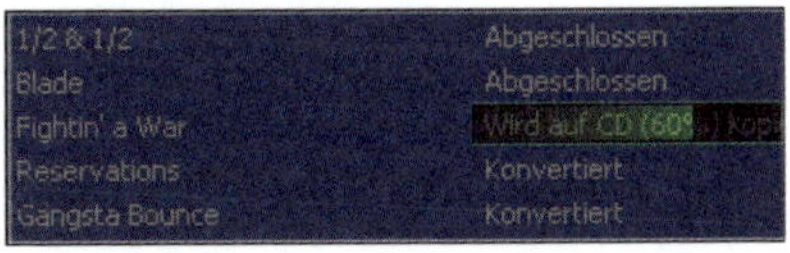

Nach Abschluß des Kopiervorgangs wird die CD ausgeworfen und kann dann in den meisten CD-Playern verwendet werden.

4 Analoge Videos umwandeln und auf CD brennen

Wer kennt es nicht: So mancher Videoschatz schlummert noch auf alten Videobändern vor sich hin, und Sie fragen sich, wie Sie diese alten, qualitativ nicht gerade hochwertigen VHS-Videokassetten wieder auf Vordermann bringen. Dank einer Fernseh-Videokarte ist das heutzutage kein Problem mehr. Denn damit können Sie die alten analogen Bänder in digitaler Form auf den Rechner übertragen und anschließend - meist schon mit Bordmitteln - auf CD brennen. Doch damit nicht genug: Sogar Menüs für Ihre Videofilme können Sie erstellen, so daß sich Ihre selbstgebrannten fast wie professionelle DVDs verhalten. Einem gelungenen TV-Abend, an dem Sie Ihre alten Filme mit einem DVD-Abspielgerät wieder am Fernseher betrachten können, steht also nichts mehr im Wege.

Im vierten Kapitel dieses Buches erfahren Sie,
- wie Sie eine Fernsehkarte installieren,
- wie Sie analoge Videos vom Videorecorder auf den Computer übertragen,
- wie Sie die gespeicherten Dateien als **VCD** und **SVCD** auf einen Rohling bannen
- und wie Sie ein Menü für Ihre VCD erstellen.

Kapitel-Wegweiser

Videodateien umwandeln

Bevor Sie Videodaten auf den Computer kopieren und dann auf CD oder DVD brennen können, müssen diese Daten von der analogen Quelle aufgenommen und für den Computer umgewandelt (digitalisiert) werden. Diese Aufgabe übernimmt eine sogenannte Fernseh- oder Videokarte.

Eine Fernsehkarte installieren

Die Video- oder Fernsehkarte muß zunächst entsprechend der jeweiligen Gebrauchsanweisung eingebaut und anschließend dem Betriebssystem bekannt gemacht werden. Die Programme befinden sich auf einer mitgelieferten Installations-CD. Bei der Einrichtung der Karte werden auch einige Dienstprogramme auf die Festplatte kopiert.

1 Nachdem Sie die Karte eingebaut haben, wie es in der mitgelieferten Beschreibung dargestellt wird, starten Sie Ihren Rechner. Als erstes meldet sich der Installationsassistent von Windows, um die Treiber für die TV-Karte zu installieren.

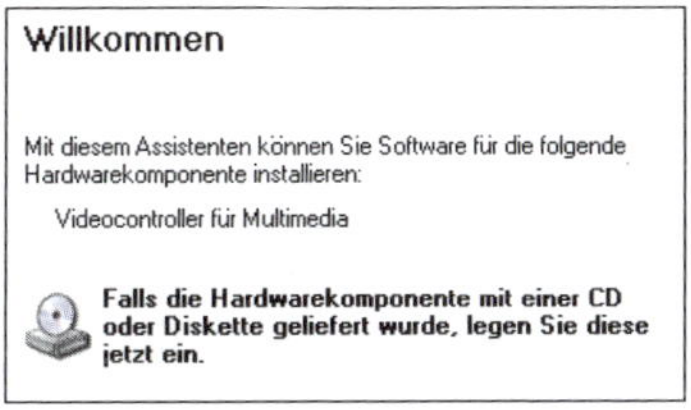

Achten Sie darauf, daß sich im Kreis vor dem Eintrag für die automatische Installation ein Punkt befindet:

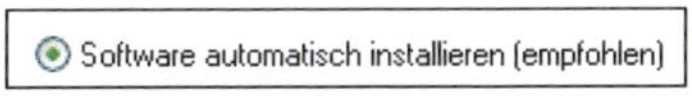

Andernfalls setzen Sie den Punkt per Mausklick. Legen Sie die mitgelieferte Programm-CD in Ihr CD-ROM-Laufwerk ein, und klicken Sie dann auf

.

Autostart der CD

Sollte die Programm-CD der Fernsehkarte nicht automatisch gestartet sein, starten Sie das Installationsprogramm mit einem Doppelklick auf das jeweilige Symbol.

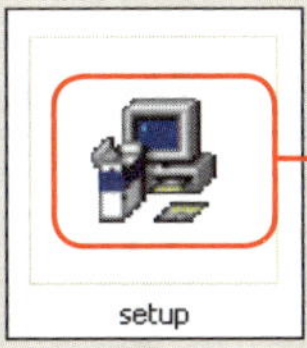

2 Daraufhin startet automatisch der Installationsvorgang.

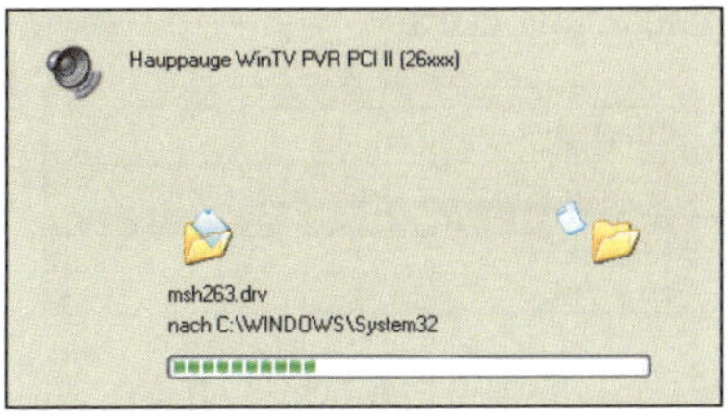

Ist die Installation abgeschlossen, wird eine Meldung ausgegeben, die Sie per Klick auf die Schaltfläche ● beantworten.

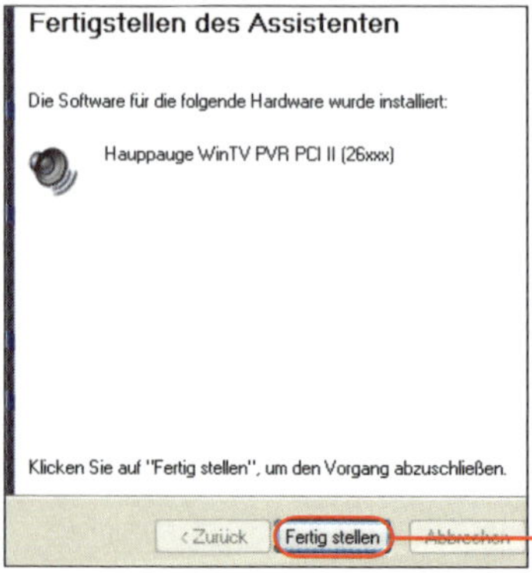

3 Zuerst geht es darum, die Sprache für das Programm festzulegen. Klikken Sie dazu auf das Dreieck neben dem Feld ●,

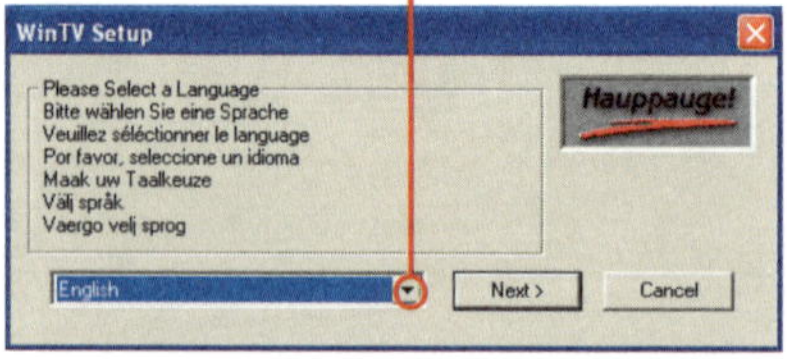

und wählen Sie aus der dann geöffneten Liste per Mausklick Ihre gewünschte Sprache aus, etwa ●.

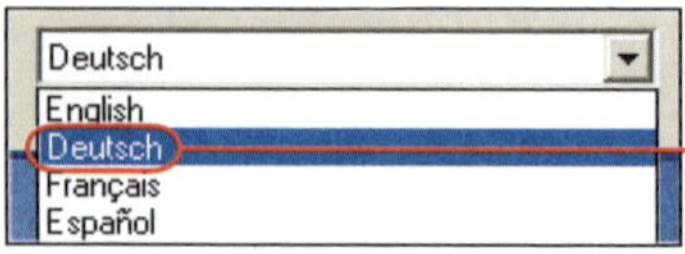

Es folgt ein Klick auf die Schaltfläche

.

4 Daraufhin wird Ihnen mitgeteilt, daß jetzt die Treiber für die Fernsehkarte eingerichtet werden. Wenn Sie die Meldung mit einem Mausklick auf ●

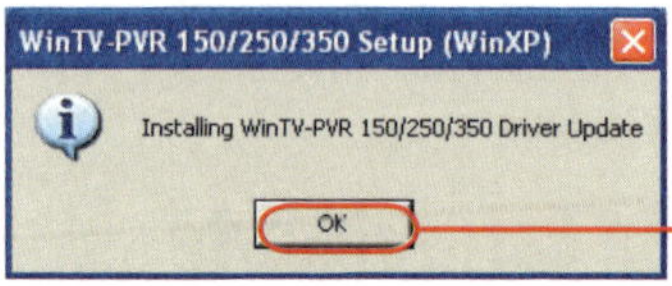

bestätigen, untersucht das Installationsprogramm Ihren Rechner und zeigt dann an, welche Komponenten installiert werden müssen. Klicken Sie einfach auf ●, um die benötigten Programme zu installieren.

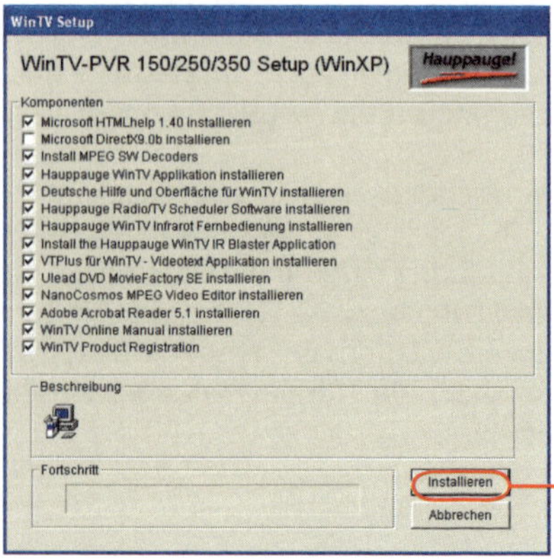

5 Nachdem die einzelnen Programmteile der Fernsehkarte installiert wurden, meldet sich erneut der Installationsassistent der Karte.

Sowohl in diesem Fenster klicken Sie auf

als auch im nächsten

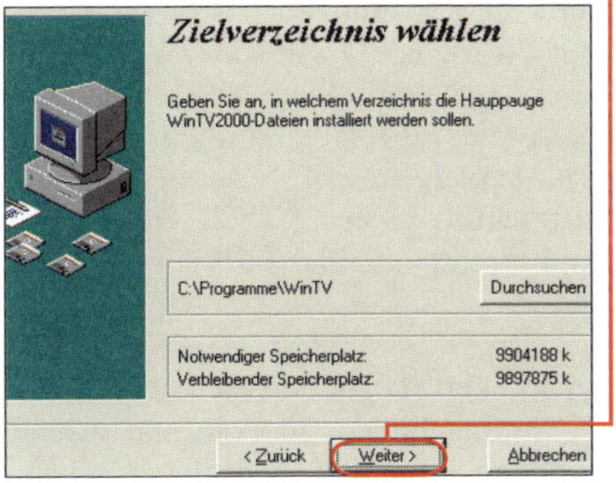

und in demjenigen, das danach noch folgt.

6 Über den erfolgreichen Abschluß der Installation jedes einzelnen Programms werden Sie jedesmal informiert.

Sobald Sie diese Meldung mit einem Mausklick auf

bestätigen, meldet sich das jeweils folgende Programmteil ebenfalls mit einem Installationsassistenten. Beantworten Sie die dann folgenden Fenster einfach immer per Klick auf die Schaltfläche

oder

.

7 Zwischendurch werden Sie noch dazu aufgefordert, der jeweiligen Lizenzvereinbarung zuzustimmen. Klikken Sie in dem Fall auf

.

Nach einiger Zeit haben Sie dann sämtliche Programmteile auf die Festplatte übertragen, so daß Ihnen alle Programme der Fernsehkarte zur Verfügung stehen.

Einen Film vom Videorecorder auf den PC übertragen

Die Übertragung vom Videorecorder auf den Computer übernimmt bei der Fernsehkarte „Hauppauge“, die hier als Beispiel dient, das mitinstallierte Programm „Ulead FilmBrennerei“.

1 Verbinden Sie Ihren Videorecorder, wic in der Gebrauchsanweisung beschrieben, mit Ihrem Rechner. Legen Sie dann den Film ein, den Sie auf den Rechner übertragen möchten, und schalten Sie den Videorecorder ein.

2 Nach einem Doppelklick auf das Symbol des Ulead-Programms

wird das Startfenster geöffnet. Dort klikken Sie auf das **Symbol** ●.

3 Das Programm sucht daraufhin nach einer Aufnahmequelle und zeigt diese kurze Zeit später an, im Beispiel ●.

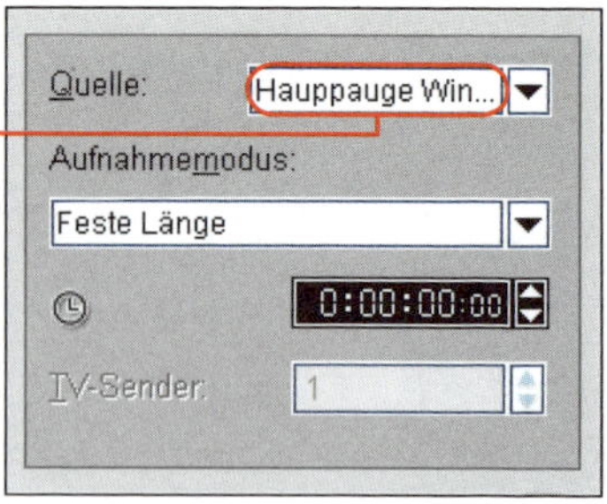

Im darunterliegenden Bereich bestimmen Sie das Datciformat des Videos.

Voreingestellt ist das **MPEG**-Format. Mit diesem Format werden einfache Videofilme platzsparend auf CD gebrannt. Damit Sie eine CD mit einer Videodatei aber auch auf einem DVD-Player am Fernseher anzeigen können, benötigt das Abspielgerät eine besondere CD, die sogenannte Video-CD (**VCD**). In dem Fall müßten Sie also das VCD-Format wählen.

4 Klicken Sie auf den Pfeil neben dem Eintrag für das Videoformat ●, und schauen Sie sich die geöffnete Liste an.

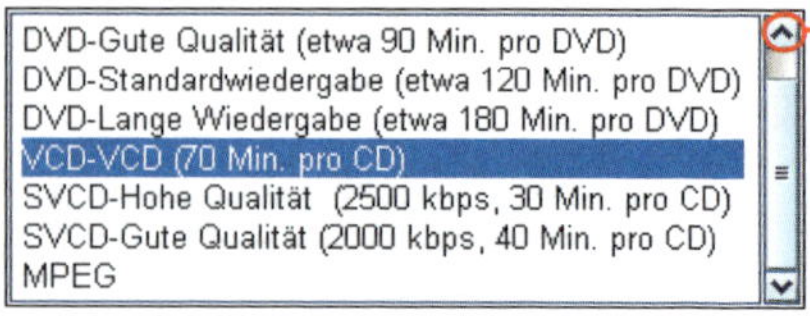

Wie Sie sehen, kann das VCD-Format ungefähr 70 Minuten Film auf einen normalen Rohling brennen.

Die anderen Videoformate benötigen aufgrund der höheren Qualität mehr Speicherplatz. So können beispielsweise mit dem SVCD-Format (SVCD = SuperVCD) nur ungefähr 40 Minuten Film auf eine CD gebrannt werden.

5 Behalten Sie die Auswahl (MPEG) bei, und spulen Sie das Videoband bis zum Anfang zurück. Lassen Sie es dann ablaufen. Sowie Sie sehen, daß der Film beginnt,

klicken Sie auf die Schaltfläche ●,

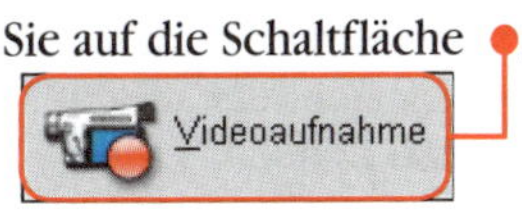

um die Aufnahme zu starten. Alternativ können Sie zum Starten der Aufnahme auch die Tastenkombination [Alt] [V] drükken.

Unterschied zwischen Datei- und CD-Format beachten

Das MPEG-Format ist das Dateiformat der Musikdatei auf der Festplatte, und VCD ist die spezielle Art, in der eine Video-CD mit dieser MPEG-Datei gebrannt wird, damit sie in jedem DVD-Player verwendet werden kann. Die MPEG-Datei kann zwar einfach auf einen Rohling gebrannt werden. Die CD kann dann jedoch nur am Computer betrachtet werden. Hinzu kommt, daß die Datei ohne das spezielle CD-Format meist zu groß für eine normale CD ist.

6 Wenn der Film zu Ende ist, genügt ein Mausklick auf das Symbol ●.

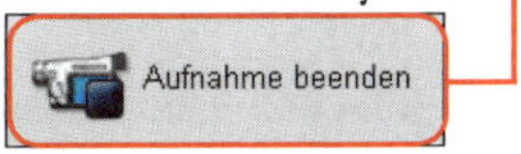

Die Datei liegt dann als Datei vor, so daß Sie sie auf einen Rohling brennen können.

Videodateien als VCD/SVCD brennen

Die Dateien, die Sie im letzten Abschnitt vom Videorecorder auf Ihren PC überspielt haben, lassen sich jetzt zum Beispiel mit dem Windows Media Player am Computer ansehen. Falls Sie Ihre Videos jedoch lieber mit einem DVD-Player am Fernseher betrachten wollen, müssen Sie eine spezielle CD erstellen (vgl. auch Info-Kasten oben). Das Standardformat, das mittlerweile jedes DVD-Abspielgerät beherrscht, ist die Video-CD (**VCD**).

Eine Datei als VCD brennen

Die Datei, die Sie mit der Ulead Film-Brennerei aufgenommen haben, können Sie nun ohne Schwierigkeiten als VCD auf CD brennen.

1 Wenn Sie im geöffneten Programmfenster auf das Symbol

klicken, wird das Fenster mit den gespeicherten Videodateien angezeigt. Per Mausklick markieren Sie Ihre Filmdatei, etwa ●,

und klicken danach auf die Schaltfläche

.

2 Der Film wird daraufhin in das Programm geladen und mit seinem ersten Clip im Vorschaufenster eingeblendet.

Oberhalb des Vorschaufensters sollten Sie im Beispielfall noch das Häkchen vor dem Menüeintrag ● entfernen.

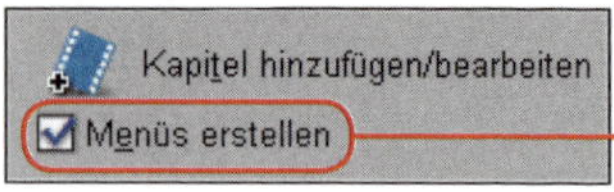

Denn wenn Sie nur *einen* Film von einer Videokassette aufgenommen haben, ist ein Menü nicht notwendig. Klicken Sie also auf den Eintrag, so daß das Häkchen verschwindet:

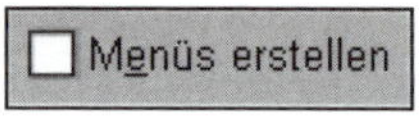

3 Unter dem Vorschaubild sehen Sie eine Leiste, in der angezeigt wird, ob die Datei auf einen Rohling paßt oder nicht.

Falls die Leiste blau sein sollte, ist es kein Problem, den Film auf den Rohling zu brennen. Geht der Balken allerdings in den roten Bereich,

,

paßt die Datei nicht auf einen normalen Rohling, und Sie müssen eine größere CD verwenden.

Um die Datei als VCD auf den Rohling zu brennen, klicken Sie nun auf

.

4 Im nachfolgenden Fenster können Sie die Vorschau für Ihren Film einschalten. Klicken Sie dazu auf

und anschließend erneut auf

.

5 Daraufhin wird die Datei für das Brennen vorbereitet. Sind alle Vorbereitungen getroffen, klicken Sie auf das dann zugängliche Symbol ●,

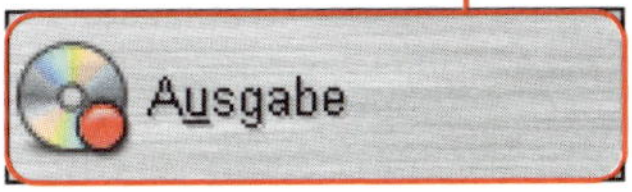

damit die Videodatei für die CD umgewandelt wird.

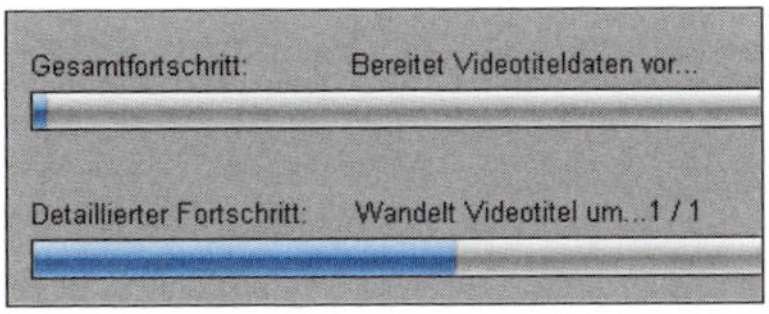

6 Nach erfolgreicher Umwandlung wird sie direkt auf den Rohling gebrannt.

Ist auch dies erledigt, wird eine entsprechende Meldung ausgegeben, die Sie mit einem Mausklick auf ● beantworten.

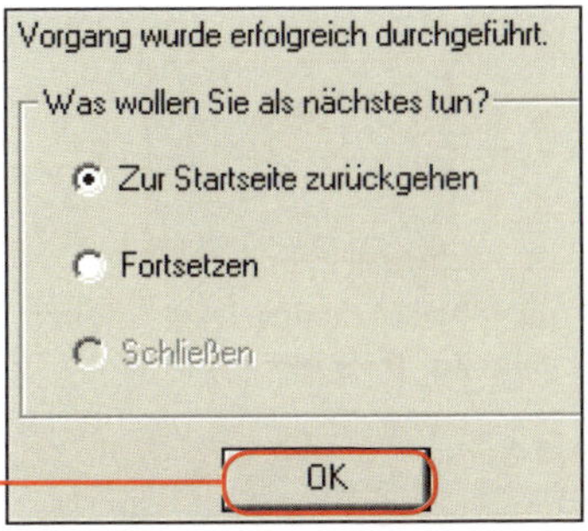

Eine Datei als SVCD brennen

Der Unterschied zwischen einer Video-CD und einer Super-Video-CD besteht in der Qualität beziehungsweise in der Datenmenge, die verarbeitet werden kann. Sehr häufig sind Dateien, die Sie als Videodateien bekommen, aus Platzgründen im Format **MPEG** 1 gespeichert. Das MPEG-1-Format ist das Dateiformat, das für eine Video-CD (VCD) verwendet wird.

Wer eine bessere Bildqualität wünscht, sollte statt dessen eine Super-Video-CD in Betracht ziehen. Die SVCD nutzt das MPEG-2-Format, eine Weiterentwicklung des MPEG-1-Formats. Sollte die Datei, die Sie auf eine SVCD brennen wollen, nicht im MPEG-2-Format vorliegen, muß sie erst ungewandelt werden. Diese Umwandlung beherrscht Nero sehr gut, so daß der Herstellung einer qualitativ hochwertigen SVCD nichts im Wege steht.

1 Um das Programm Nero Burning ROM zu starten, öffnen Sie zunächst

mit einem Mausklick auf das Symbol

das StartSmart-Fenster. Dort klicken Sie als erstes auf

und anschließend in der geöffneten Liste auf den Eintrag .

2 Im Programmfenster, das nun angezeigt wird, folgt ein Mausklick auf das Symbol

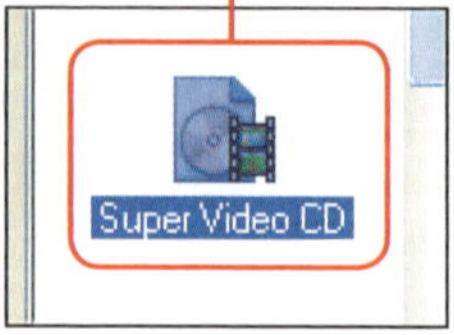

und danach auf die Schaltfläche

.

3 Daraufhin öffnet sich das Dateifenster. Wählen Sie die gewünschte Datei aus, indem Sie diese anklicken, im Beispiel . Halten Sie die linke Maustaste gedrückt,

und ziehen Sie die Datei bei weiterhin gedrückter Maustaste in das Brennerfenster. Dann lassen Sie die Maustaste los.

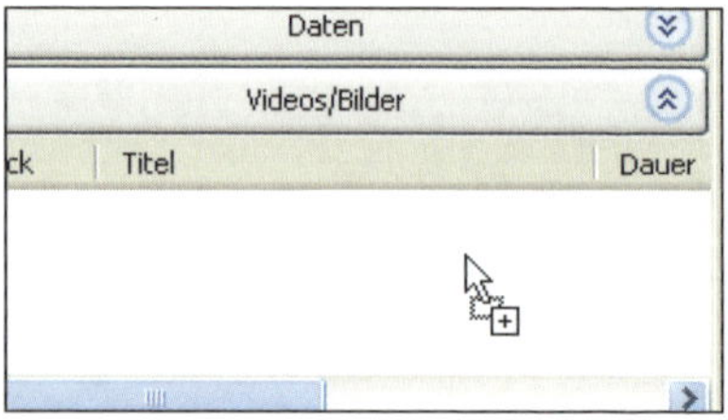

4 Nero liest jetzt die Datei und prüft, ob sie im korrekten Format vorliegt.

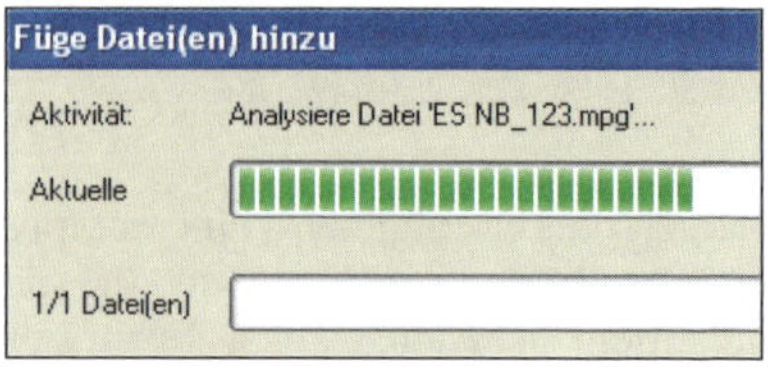

Über das Ergebnis werden Sie in einem

Hinweisfenster informiert.

5 Falls Nero in der Datei Einstellungen entdeckt, die für eine SVCD nicht geeignet sind, bietet das Programm mögliche Lösungen an.

Im ersten Fall können Sie die korrekten Einstellungen abschalten, so daß die Datei zwar als SVCD gebrannt wird, aber nicht genau dem SVCD-Standard entspricht. Klicken Sie dazu die erste Schaltfläche an.

Eine auf diese Weise gebrannte CD kann ohne Probleme auf dem PC angeschaut werden. Es ist allerdings nicht sicher, daß sie auch von jedem DVD-Abspielgerät gelesen werden kann - und somit ist auch ungewiß, ob Sie den Film am Fernseher ansehen können.

6 Im zweiten Fall bietet Nero an, die Datei noch einmal zu bearbeiten, so daß Sie den Vorschriften für eine SVCD entspricht.

Dieses sogenannte Enkodieren kann bei größeren Dateien ziemlich lange dauern. Möchten Sie diese Zeit investieren, erhalten Sie eine korrekte SVCD, die Sie mit fast allen DVD-Playern ansehen können. Wenn Sie sich für die qualitativ bessere Lösung entscheiden, klicken Sie auf diese zweite Schaltfläche.

7 Anschließend wird der Film von Nero umgewandelt. Nach Abschluß dieses Prozesses

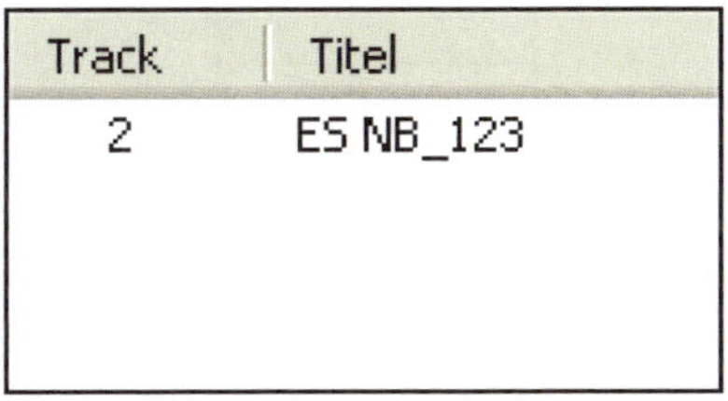

erfahren Sie im unteren Teil des Brennerfensters auch, ob die Datei auf den Rohling paßt. Sollte der Balken in Rot übergehen, müssen Sie entweder einen Rohling mit größerer Speicherfähigkeit verwenden oder die Datei nur als VCD brennen, wie es im vorigen Abschnitt gezeigt wurde.

8 Wenn der Balken jedoch ausschließlich blau ist oder nur wenig in den gelben Bereich übergeht, kann der Film als SVCD gebrannt werden.

Klicken Sie in diesem Fall auf das Symbol zum Brennen von Dateien:

9 Im nachfolgenden Fenster können Sie Ihrer CD noch einen passenden Namen geben. Holen Sie dazu per Klick auf den Registerreiter

das entsprechende Fenster in den Bildschirmvordergrund, und tippen Sie in das Textfeld einen Namen Ihrer Wahl ein, im Beispiel .

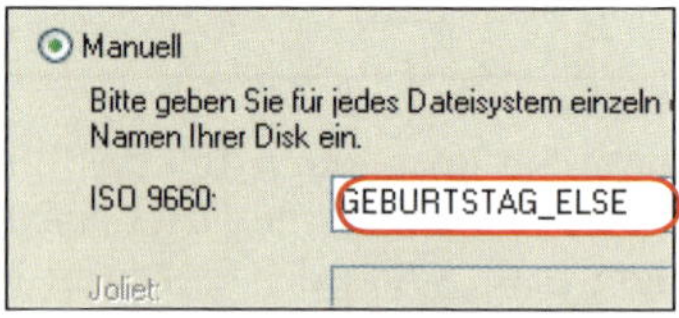

10 Als nächstes legen Sie einen **Rohling** in Ihren Brenner ein und klikken auf die Schaltfläche

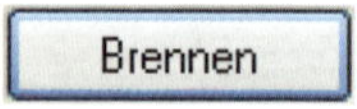

Daraufhin wird die Datei auf den Rohling gebrannt.

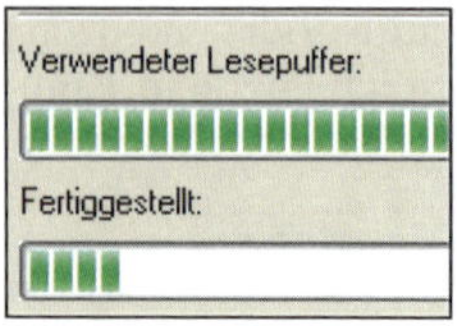

11 Über das Ende des Brennvorgangs werden Sie informiert. Beantworten Sie den Hinweis mit einem Mausklick auf .

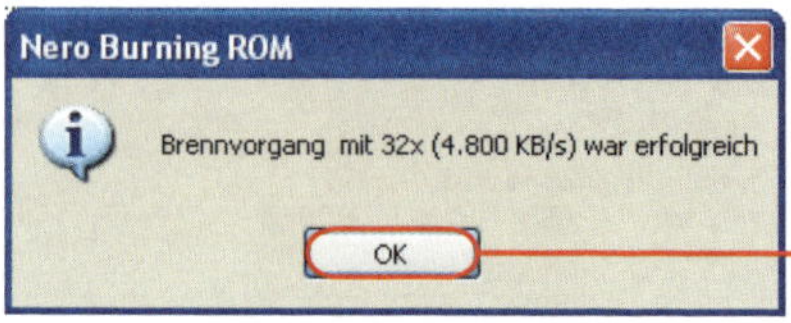

12 Zum Schluß brauchen Sie nur noch das Programm zu beenden, indem Sie auf die Schaltfläche

klicken. Danach wird die gebrannte CD ausgeworfen und kann im DVD-Player verwendet werden.

Das Menü für die VCD/SVCD

Sie können natürlich auch mehrere Videodateien gemeinsam auf eine CD brennen. Damit Sie die Übersicht behalten, bietet Ihnen Nero die Möglichkeit, einen Vorspann mit Bildern und eine Art Inhaltsverzeichnis zu erstellen. Das hat den Vorteil, daß Sie im DVD-Abspielgerät die einzelnen Teile des Films direkt auswählen können.

1 Um die CD zu strukturieren, starten Sie wieder Nero StartSmart über das Programmsymbol

,
klicken dann auf den Eintrag

und wählen schließlich per Mausklick das dafür nötige Programm „Nero Vision Express“ aus.

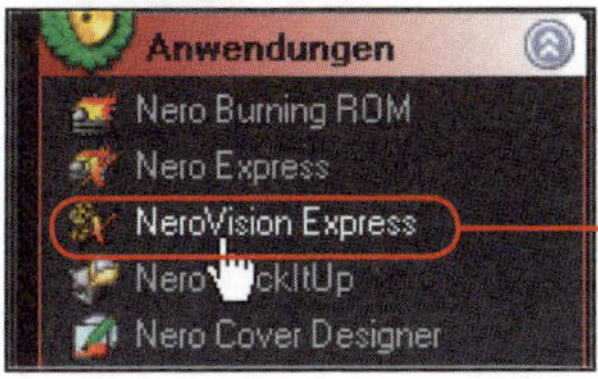

2 Im geöffneten Eingangsfenster von Nero Vision Express klicken Sie auf den Eintrag

und markieren danach die Video-CD.

Im unteren Teil des Fensters sehen Sie übrigens eine Erklärung zur Funktion der jeweiligen Auswahl.

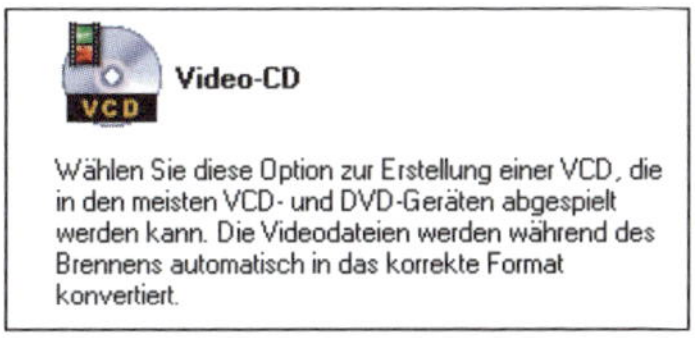

3 Als erstes müssen Sie Ihre Videodateien auswählen. Dazu klicken Sie im geöffneten Programmfenster auf den entsprechenden Eintrag,

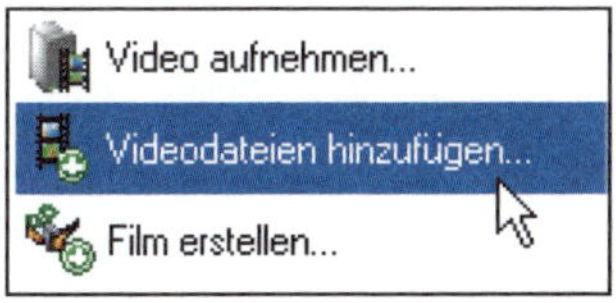

so daß der Ordner mit den eigenen Videodateien erscheint.

4 Wählen Sie dort per Mausklick die Videodateien aus, die Sie verwenden möchten. Um mehrere Dateien gleichzeitig markieren zu können, halten Sie die [Strg]-Taste gedrückt, während Sie die gewünschten Dateien nacheinander anklicken. Klicken Sie anschließend auf

.

Die Videodateien werden daraufhin in das Programmfenster von Nero Vision Express übernommen.

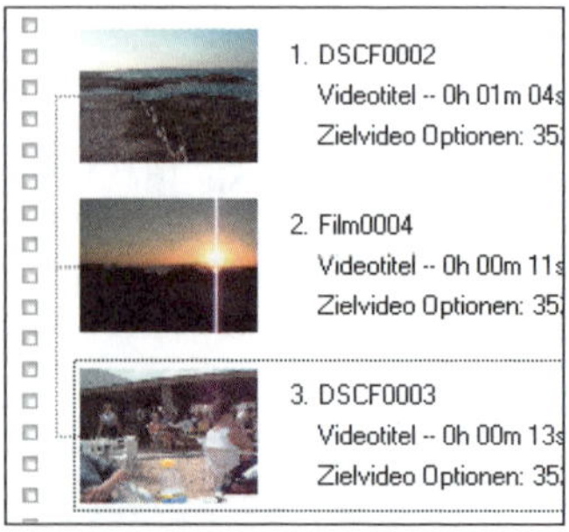

5 Wenn Sie die Videodateien in eine andere Reihenfolge bringen möchten, klicken Sie ein Datei an, halten die linke Maustaste gedrückt und ziehen die Datei mit weiterhin gedrückter Maustaste an die gewünschte Position.

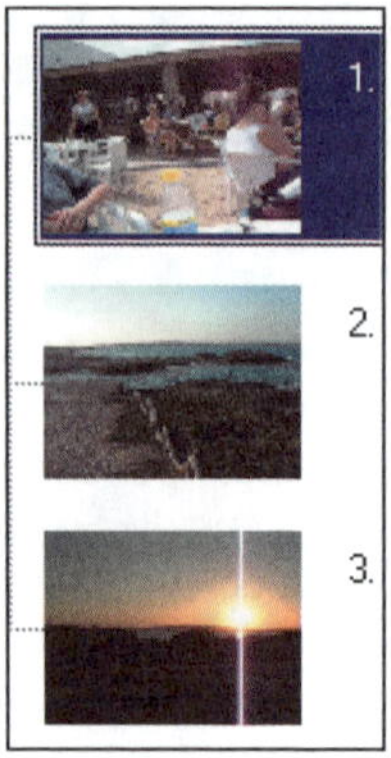

6 Haben Sie die Videodateien Ihren Wünschen entsprechend angeordnet, klicken Sie auf

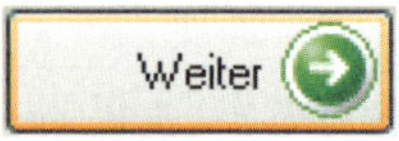

.

Anschließend tauchen Ihre Filme im Programmfenster auf. Der Hintergrund ist zunächst standardmäßig vorgegeben, kann jedoch verändert werden.

7 Neben dem Vorschaufenster werden die verschiedenen Gestaltungsmöglichkeiten angezeigt. Klicken Sie auf den Eintrag

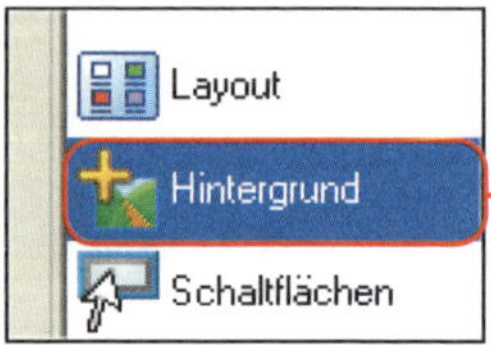

und danach auf das Lupensymbol, falls Sie ein eigenes Bild als Hintergrund verwenden wollen.

8 Jetzt brauchen Sie im Ordner für die eigenen Bilder nur noch das gewünschte Foto anzuklicken, im Beispiel ●,

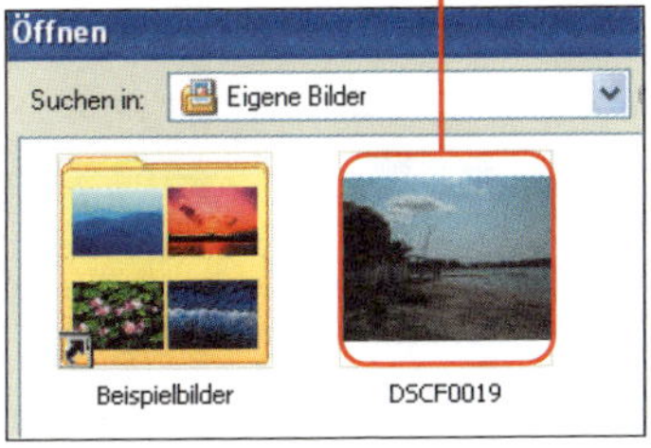

und dann die Schaltfläche

zu betätigen – und schon wird das Bild als neuer Hintergrund angezeigt.

9 Damit Ihre CD auch einen passenden Titel erhält, klicken Sie auf den Eintrag ●.

Tippen Sie anschließend einen Titel und eine Unterzeile für die CD ein.

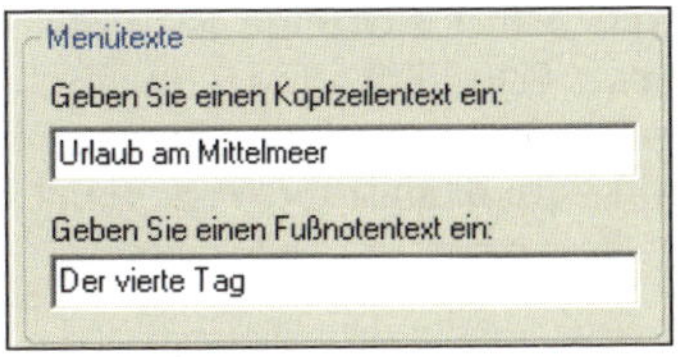

Daraufhin sieht das Menü im Beispielfall schon so aus:

10 Selbstverständlich können Sie auch die Schrift wunschgemäß anpassen. Klicken Sie dazu auf den Eintrag ●.

Wenn Sie dann auf das Dreieck neben dem Schriftnamen ●

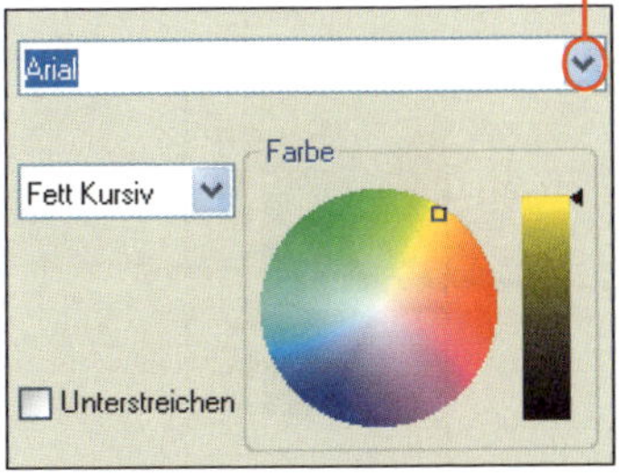

klicken, öffnet sich eine Liste, aus der Sie per Mausklick den gewünschten Schriftnamen auswählen können. Diese Schrift wird dann sofort verwendet.

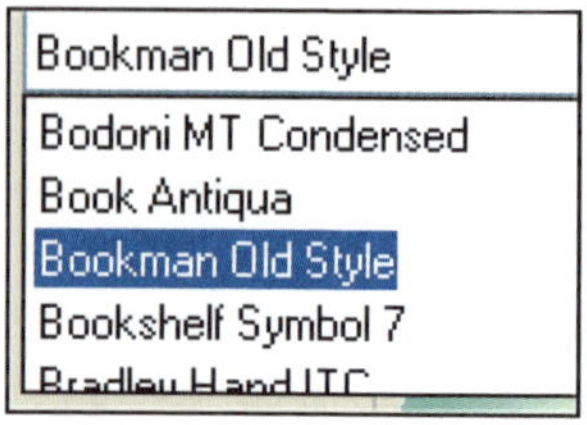

11 Genauso einfach passen Sie die Schriftfarbe dem neuen Hintergrund an. Ein Mausklick auf ein Farbfeld im Farbkreis legt die entsprechende Farbe fest.

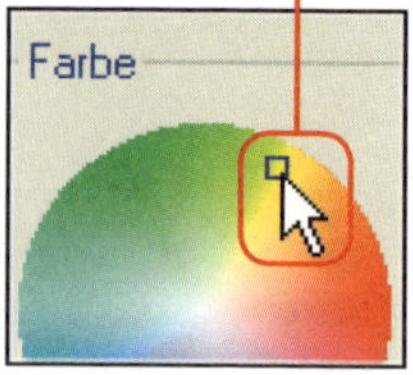

12 Um auch noch die Sättigung der Schriftfarbe zu verändern, klicken Sie auf das Dreieck neben dem Farbbalken, halten die linke Maustaste gedrückt

und ziehen den Pfeil bei weiterhin gedrückter Maustaste nach unten. Sie können direkt mitverfolgen, wie sich die Schriftfarbe anpaßt.

13 Außerdem ist es möglich, das Aussehen und die Rahmen der Vorschaubilder im Menü zu verändern. Klicken Sie dazu als erstes auf den entsprechenden Eintrag.

Ein Mausklick auf eine der graphischen Schaltflächen übernimmt sofort das neue Aussehen.

14 Praktisch ist auch die Funktion, die sich hinter dem Eintrag „Animierte Schaltflächen" verbirgt: Wenn

Sie das Kästchen neben dem Eintrag anklicken, so daß darin ein Häkchen erscheint,

werden im Menü der fertigen CD Filmsequenzen angespielt. Mit einem Klick auf die Schaltfläche wird dann jeweils der entsprechende Abschnitt des Videos abgespielt.

15 Nun müssen nur noch die störenden Dateinamen unter den einzelnen Videodateien verschwinden. Dazu klicken Sie auf den Eintrag

und wählen aus der Liste die Ihnen zusagende Optik. Wenn unterhalb der Symbole für die Schaltflächen graue Kästen zu sehen sind, erscheint an dieser Stelle jeweils der Dateiname.

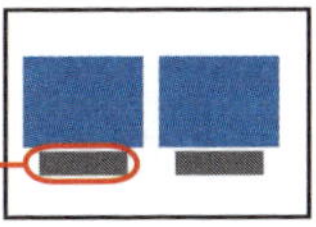

Möchten Sie diese Dateinamen lieber nicht angezeigt bekommen, wählen Sie das Symbol *ohne* diese grauen Flächen.

16 Im Beispiel sieht das CD-Menü dann folgendermaßen aus:

Falls Sie mit dem Aussehen zufrieden sein sollten, klicken Sie auf die Schaltfläche

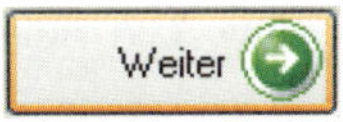

.

17 Möchten Sie noch mehr CDs mit diesen Einstellungen anlegen? Dann können Sie auf der folgenden Seite Ihre Einstellungen als Vorlage speichern. Klicken Sie dazu auf die Schaltfläche

und anschließend auf

.

18 Zum Schluß empfiehlt es sich noch, Ihr selbsterstelltes Menü mit der elektronischen „Fernbedienung“ zu testen.

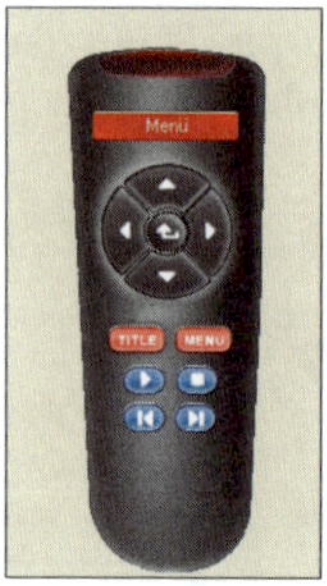

Wenn Sie dies getan haben, folgt ein Mausklick auf

.

19 Im nächsten Fenster wird noch einmal angezeigt, auf welchem Brenner die CD gebrannt wird.

Klicken Sie einfach auf die Schaltfläche

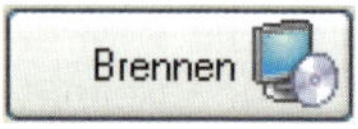

.

Daraufhin wird Ihre **VCD** mit dem eingerichteten Menü auf die CD gebrannt. Das weitere Vorgehen entspricht ab jetzt den Schritten 10 bis 12 des vorigen Abschnitts.

5 Eigene Videofilme speichern

Mit den modernen Digitalkameras ist es ein Kinderspiel, Videofilme aufzunehmen. Lediglich zwei Hürden sind noch zu überwinden: Erstens müssen die Dateien auf den Rechner übertragen werden, und zweitens müssen die Filme auf CD und DVD gebrannt werden, damit Sie sie auch auf einem DVD-Player abspielen können. Um das erste Problem zu lösen, nutzen Sie entweder die Programme der Videokamera oder - noch einfacher - einen Kartenleser. Und für die zweite Hürde kommt Nero 6 zum Einsatz. Denn gleichgültig, ob Sie Ihre Videofilme im Windows-eigenen AVI-Format nur am Rechner ansehen möchten oder als Video-CD brennen wollen - mit Nero ist sowohl das eine als auch das andere schnell erledigt. Das Programm kann mit fast allen Video-Dateiformaten umgehen und die Dateien in dem Format speichern, das notwendig ist, damit sie mit einem DVD-Abspielgerät angeschaut werden können. Zudem besteht sogar die Möglichkeit, einzelne Videodateien zu einem Film zusammenzufügen und störende Teile zu entfernen. Und diese bearbeiteten Filme lassen sich dann natürlich ebenfalls mit Nero komfortabel auf CD oder DVD brennen, so daß Sie Ihre Lieblingsfilme überall zeigen können.

Im fünften Kapitel dieses Buches erfahren Sie,
• wie Sie aufgenommene Filme auf die Festplatte übertragen,
• wie Sie einzelne Videodateien zusammenfügen,
• wie Sie unwichtige Teile aus einem Videofilm entfernen
• und wie Sie Ihre Filme auf DVD brennen.

Kapitel-Wegweiser

Überspielen von der digitalen Videokamera

Bei modernen digitalen Videokameras (Camcorder) werden die Dateien häufig auf sogenannten **PC-Karten** (Compact Flash)

oder **Microdrives** gespeichert.

Die aufgenommenen Filme lassen sich dann meist per Kabel und dem jeweils mitgelieferten Übertragungsprogramm auf die Festplatte speichern. Aber selbst ohne besonderes Programm kann die Übertragung ganz einfach gelingen: mit einem sogenannten Kartenleser.

1 Nehmen Sie die PC-Karte mit den aufgenommenen Videos aus der Kamera, und stecken Sie sie in den Kartenleser, der per USB-Kabel mit dem Rechner verbunden wird.

2 Die Speicherkarte wird im Arbeitsplatz des Rechners als Laufwerk angezeigt.

Mit einem Doppelklick auf das Symbol werden Ihnen die aufgenommenen Videodateien präsentiert.

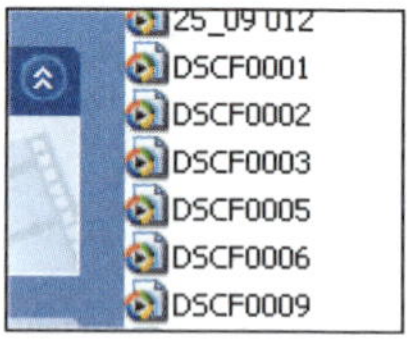

3 Markieren Sie nun per Mausklick die Dateien, die Sie auf die **Festplatte** kopieren möchten. Um mehrere Dateien gleichzeitig zu markieren drücken Sie die [Strg]-Taste und halten sie gedrückt, während Sie die gewünschten Dateien nacheinander anklicken.

4 Damit die Dateien kopiert werden, klicken Sie sie mit der rechten (!) Maustaste und wählen aus der Liste den Eintrag ● aus.

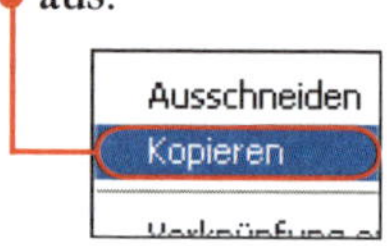

> **Dateien immer auf der Speicherkarte löschen**
>
> Löschen Sie die Filme auf der Speicherkarte grundsätzlich mit der Löschfunktion der Kamera – und *nicht* mit Windows! Sonst kann es passieren, daß Sie keinen Zugriff mehr auf Ihre Speicherkarte haben und diese infolgedessen mit dem Kameraprogramm wieder neu einrichten müssen.

5 Als nächstes öffnen Sie den Ordner für Ihre Videos per Doppelklick auf das Symbol ●.

Dort klicken Sie dann im geöffneten Fenster mit der rechten (!) Maustaste und wählen im Kontextmenü per Mausklick den Eintrag ● aus.

Videodateien schneiden und speichern

Wenn die Videodateien in kleineren Filmschnipseln vorliegen, können Sie diese für die Wiedergabe zusammenfügen. Genauso ist es möglich, einen zu langen Film zu kürzen oder überflüssige Teile zu entfernen

Videodateien zusammenfügen

Um Videodateien, die als einzelne Szenen vorliegen, zu kombinieren und hintereinander als Film zu speichern, können Sie das Programm „Nero Vision Express" nutzen.

1 Sie starten Nero Vision Express, indem Sie im Nero-StartSmart-Fenster zunächst auf den gleichnamigen Eintrag ●

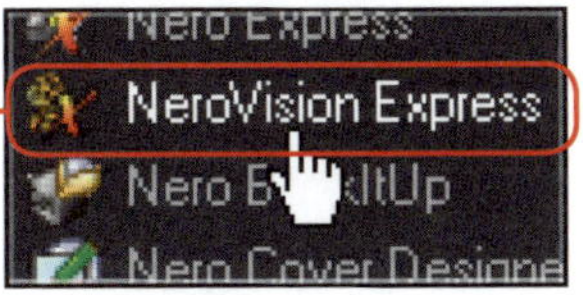

und anschließend auf die Schaltfläche ●

klicken.

2 Im geöffneten Programmfenster von Nero Vision folgt ein Mausklick auf

das Symbol für die Dateisuche

und danach auf den Eintrag.

3 Nun können Sie die gewünschte Videodatei per Mausklick markieren.

Sobald Sie dann auf die Schaltfläche

klicken, wandert die Videodatei in das Bearbeitungsfenster.

4 Mit der gleichen Methode fügen Sie weitere Videodateien hinzu, bis alle gewünschten Dateien im Bearbeitungsfenster versammelt sind.

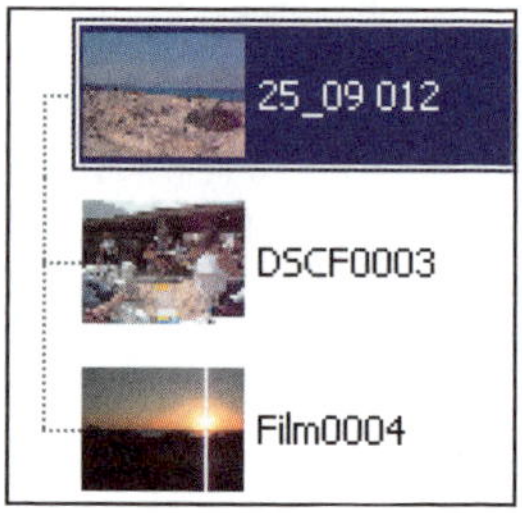

5 Die einzelnen Videodateien werden auch in der so genannten Timeline angezeigt (engl. „timeline" = Zeitleiste).

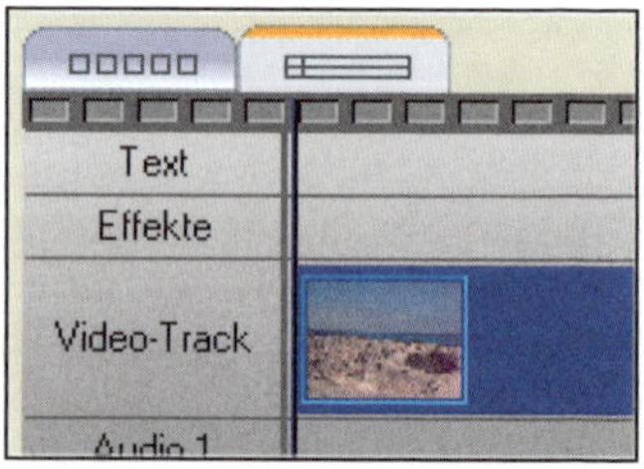

Dort können Sie sofort erkennen, wie lange das Abspielen jeder einzelnen Datei dauert.

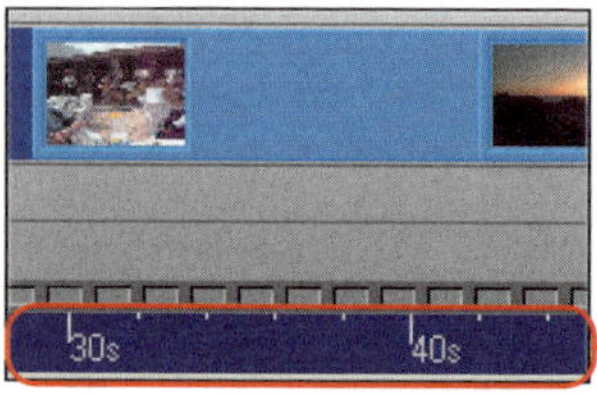

6 Wenn Sie die Reihenfolge der Videodateien ändern möchten, klicken Sie die Datei, die verschoben werden soll, an, bis sich der Mauszeiger in eine kleine Hand verwandelt.

Halten Sie die Maustaste gedrückt, und ziehen Sie die Datei an die gewünschte Stelle.

Sowie Sie dann die Maustaste loslassen, wird die Datei an der entsprechenden Stelle eingefügt.

7 Bis zum jetzigen Zeitpunkt werden die Dateien in der gewählten Reihenfolge direkt nacheinander abgespielt. Falls Sie zwischen den einzelnen Dateien einen weichen Übergang bevorzugen, klicken Sie neben dem Symbol für die Zeitleiste ● auf das Symbol für das so genannte Storyboard: ●

Daraufhin werden zwischen den einzelnen Videodateien Platzhalter für die Übergänge eingefügt. ●

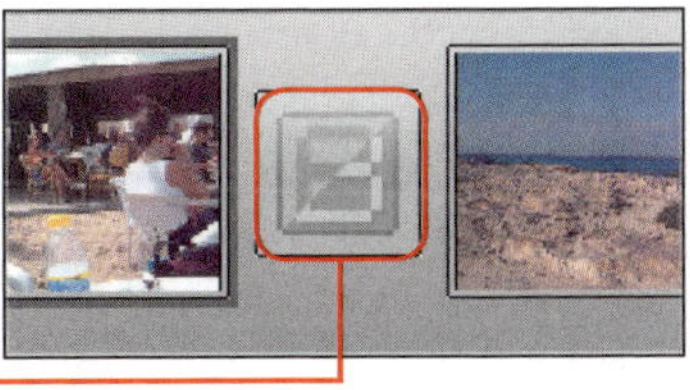

Mit einem Klick auf einen der Platzhalter werden im oberen Fensterbereich die verschiedenen Überblendeffekte angezeigt.

8 Um die Art der Übergänge festzulegen, klicken Sie als erstes auf das Dreieck ●

und anschließend in der geöffneten Liste auf ●.

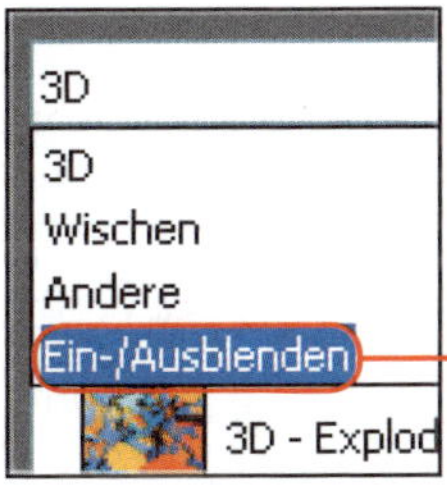

Dann wählen Sie eine der möglichen Effekte aus, im Beispiel ●.

9 Wenn Sie danach auf das Symbol ●

klicken, taucht die kleine Grafik, die den gewählten Übergang symbolisiert, neben der Videodatei auf.

Wiederholen Sie den Vorgang bei allen Filmdateien, bis Sie alle Platzhalter ersetzt haben.

10 Es ist empfehlenswert, die Effekte zu überprüfen, bevor Sie die Datei speichern. Klicken Sie dazu auf das Symbol ●

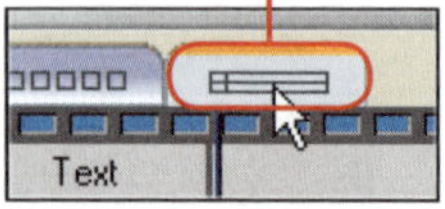

und anschließend unterhalb des oberen linken Fensterbereichs auf den Startknopf ●.

Dann können Sie im Vorschaufenster sehen, ob Ihnen die Wirkung der Übergänge gefällt.

11 Sollte das Ergebnis nicht Ihren Vorstellungen entsprechen, klikken Sie auf das Symbol für das Storyboard ●.

Danach klicken Sie einen der Übergänge mit der rechten (!) Maustaste an und wählen aus dem Kontextmenü den Eintrag ● aus.

Nun können Sie neue Übergänge bestimmen, indem Sie einfach die Schritte 7 bis 9 dieser Anleitung wiederholen.

Videodateien beschneiden

Mitunter müssen Sie aus einer Videodatei Teile herausschneiden, die unbrauchbar oder störend sind. Auch das geht mit Nero Vision ganz einfach.

1 Als erstes laden Sie die Videodateien in das Bearbeitungsfenster von Nero Vision. Gehen Sie dabei so vor, wie es im vorigen Abschnitt in den Schritten 1 bis 4 gezeigt wurde.

2 Im linken Vorschaufenster wird das erste Bild der Videodatei angezeigt. Klicken Sie nun in der **Symbolleiste** am unteren Rand auf das Schneidesymbol.

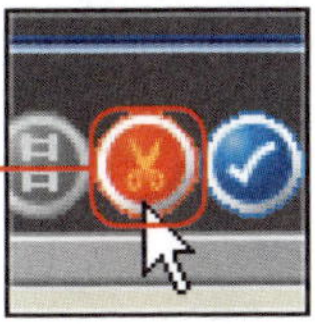

Daraufhin wird der Bereich der Zeitleiste mit einem roten Raster überzogen.

3 Klicken Sie als nächstes das Scherensymbol zu Beginn der Zeitleiste an,

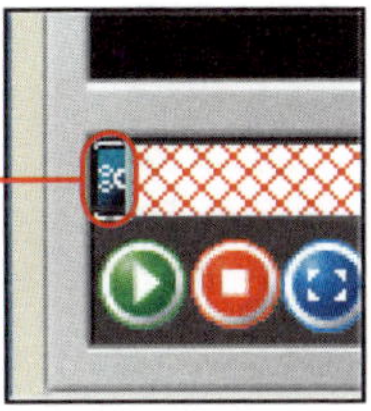

halten Sie die Maustaste gedrückt, und ziehen Sie die Markierung mit weiterhin gedrückter Maustaste nach rechts.

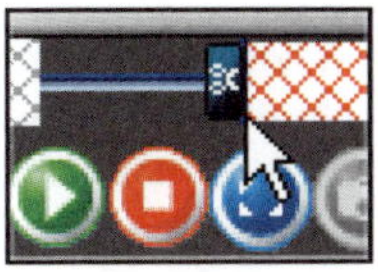

In der Track-Leiste sehen Sie währenddessen einen senkrechten Strich.

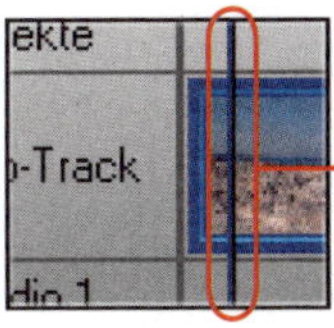

4 Sobald Sie an der Stelle angekommen sind, bis zu der Sie einen Teil des Filmes entfernen möchten, lassen Sie die Maustaste los. Das Symbol wird daraufhin zur Warnung rot:

5 Wenn Sie dann erneut auf das Schneidesymbol klicken, wechselt die Farbe in Goldgelb,

und eine Warnung wird ausgegeben, die Sie per Mausklick auf ● beantworten.

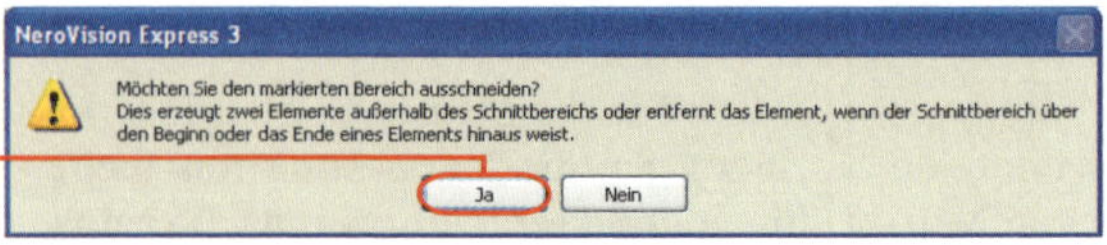

Anschließend wird der ausgewählte Bereich aus dem Video „herausgeschnitten“, das heißt, der markierte Teil wird gelöscht.

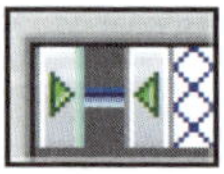

6 Falls Ihnen der Bereich, den Sie entfernt haben, zu groß oder zu klein sein sollte, können Sie den Vorgang immer noch stoppen. Dazu klicken Sie einfach auf das Stoppsymbol ●.

Die Änderungen werden damit vollständig zurückgenommen. Danach können Sie den ganzen Vorgang wiederholen, indem Sie die Schritte 2 bis 5 wiederholen.

7 Wenn Sie vom Ende der Videodatei etwas abschneiden wollen, ist das genauso einfach. Auch dafür klicken Sie, wie in Schritt 3 gezeigt, auf das Schneidewerkzeug, jetzt allerdings auf das Symbol am *rechten* Rand der Zeitleiste. ●

Ziehen Sie dann das Schneidewerkzeug nach links. Wiederholen Sie danach die Schritte 4 und 5 - und Ihr Film ist auf die gewünschte Länge gekürzt.

Videodatei als Film exportieren

Wie eingangs erwähnt, müssen die bearbeiteten Videodateien jetzt noch als Filme gespeichert werden. Dabei sollten Sie sich vorab überlegen, mit welchen Geräten und in welcher Qualität Sie die Filme später anschauen möchten. Dazu können Sie die bearbeiteten Videodateien als Filme exportieren. Die Dateien liegen im Programm als Videodatei vor. Um die Datei auf jedem DVD-Abspielgerät ansehen zu können, müssen die Dateien umgewandelt werden. Diese Umwandlung wird beim Export der Datei durchgeführt.

! Speichern oder exportieren?

Wenn Sie die Dateien als Film auf eine CD oder DVD brennen wollen, müssen Sie sie „exportieren“, das heißt für das Brennen vorbereiten. Nur wenn Sie die Videodateien noch nicht brennen möchten, ist es ratsam, Ihre Arbeit zu „speichern“. Das hat den Vorteil, daß Sie bei einer Unterbrechung Ihrer Arbeit später nicht wieder ganz von vorne anfangen müssen.

1 Nachdem Sie Ihre Videodateien fertig geschnitten haben, klicken Sie auf die Schaltfläche

.

2 Im nachfolgenden Fenster müssen Sie das Dateiformat für Ihren Film festlegen. Dazu klicken Sie neben dem Dateityp auf das blaue Dreieck ●

und wählen das gewünschte Dateiformat aus, etwa ●.

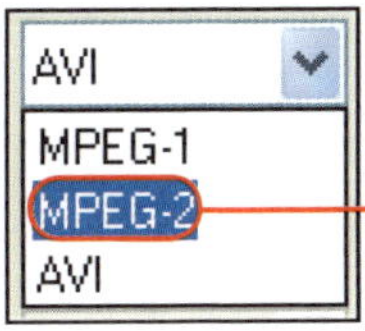

→ Falls Sie Ihren Film nur am Rechner ansehen möchten, behalten Sie die Einstellung **AVI** bei. Nachteil: Eine solche Datei funktioniert nicht auf allen normalen DVD-Playern.

→ Möchten Sie sichergehen, daß Ihr Film auf jedem Video-Abspielgerät problemlos angesehen werden kann, wählen Sie das **VCD**-Format aus.

→ Legen Sie Wert auf sehr gute Qualität und ist Ihre Videodatei nicht zu groß, wählen Sie das **SVCD**-Format. Auf einen normalen Rohling passen allerdings nur ungefähr 35 bis 60 Minuten einer Datei im SVCD-Format. Hinzu kommt, daß viele DVD-Player die SVCD-Datei nicht abspielen können.

3 Danach müssen Sie noch die Auflösung des Filmes bestimmen, also die Anzahl der Bildpunkte jedes einzelnen Bildes festlegen. Dazu klicken Sie in die jeweiligen Zahlenfelder und tippen die entsprechenden Zahlen ein. Das sind für die VCD „352" und „288" ●

und für die SVCD „480" und „576" ●.

.

4 Sie können die Werte für VCD oder SVCD auch von Nero automatisch ermitteln lassen. Klicken Sie dazu auf das blaue Dreieck neben dem Eintrag „Benutzerspezifisch" ●, und wählen Sie entweder VCD ● oder SVCD aus.

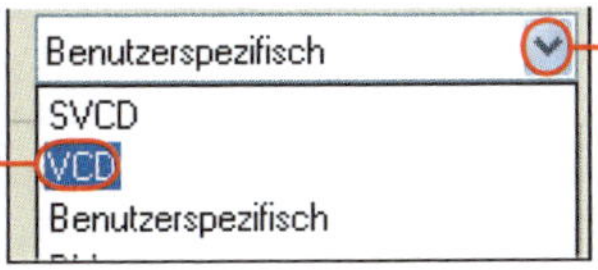

Daraufhin nimmt Nero die Einstellung für die VCD ●

oder die SVCD selbst vor.

5 Um Ihrem Film einen Namen zu geben, klicken Sie auf die Schaltfläche

,

tragen im nachfolgenden Fenster, einen Namen ein, etwa ,

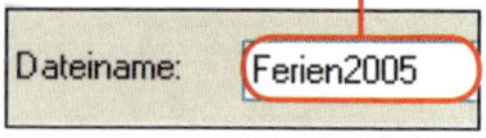

und klicken anschließend auf die Schaltfläche

.

6 Damit der Film jetzt im korrekten Format gesichert wird, klicken Sie auf die Schaltfläche

.

Daraufhin wird Ihr Film umgewandelt und dann exportiert. Zur Bestätigung der abschließenden Meldung genügt ein Mausklick auf die Schaltfläche .

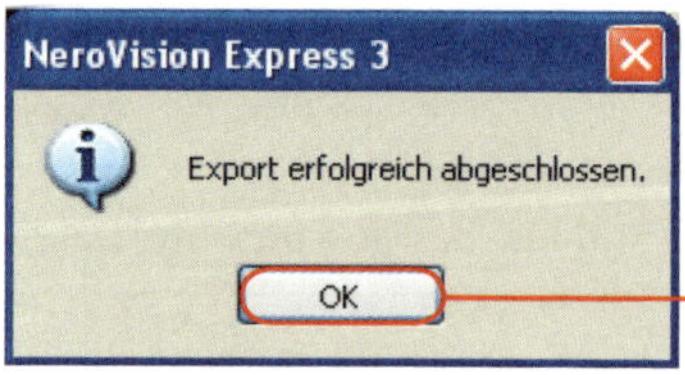

Filme auf DVD speichern

Die **DVD** hat praktisch die Nachfolge der CD angetreten. Besonders bei großen Datenmengen, die für die meisten Filme kennzeichnend sind, ist die DVD der CD weit überlegen. Auf eine DVD passen ungefähr 4,7 **Gigabyte** Daten, so daß auch größere Filmprojekte darauf untergebracht werden können. Sollten Sie viele oder sehr große Filmdateien besitzen, können Sie diese im platzsparenden Format auf die DVD speichern.

1 Wenn Sie Nero mit einem Doppelklick auf das Symbol

gestartet haben, klicken Sie am oberen Rand des geöffneten Startfensters auf das Dreieck neben dem Eintrag für die CD/DVD

und anschließend auf den Eintrag für die DVD.

2 Als nächstes folgt ein Mausklick auf den Eintrag

und aus den dann angezeigten Möglichkeiten auf das spezielle Nero-DVD-Format.

3 Damit Sie festlegen können, welche Ihrer gespeicherten Videofilme gebrannt werden sollen, klicken Sie auf die Schaltfläche

.

Per Doppelklick auf den Eintrag

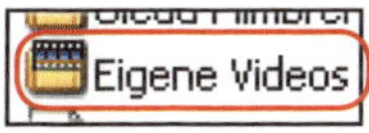

öffnen Sie den entsprechenden Ordner und wählen dann die gewünschten Videodateien aus.

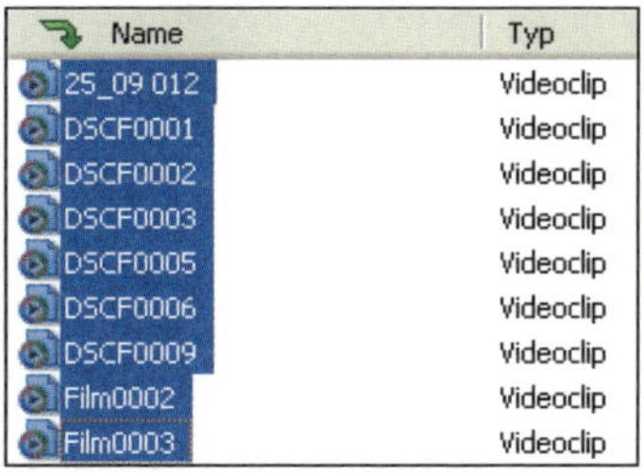

4 Da die Dateien zum Brennen in das Bearbeitungsfenster gehören, klikken Sie nun auf die Schaltfläche

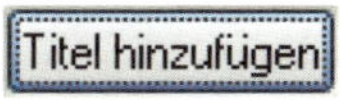

und anschließend auf

.

Daraufhin werden die Dateien in das Bearbeitungsfenster übertragen.

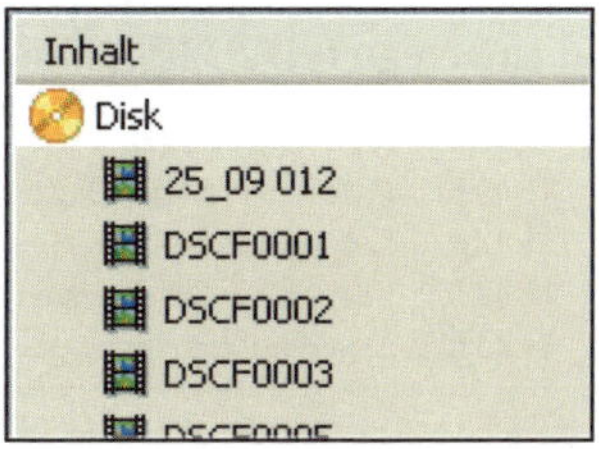

5 Falls Sie noch mehr Videodateien auf die DVD brennen möchten, wiederholen Sie die Schritte 3 und 4, bis alle gewünschten Dateien im Bearbeitungsfenster sind.

6 Wenn Sie danach auf die Schaltfläche

und im folgenden Fenster auf

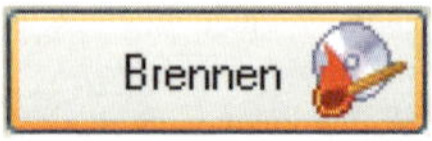

klicken, werden Sie sehen, daß der DVD-Brenner bereits ausgewählt ist.

Sie brauchen also auch in diesem Fenster nur noch auf zu klicken.

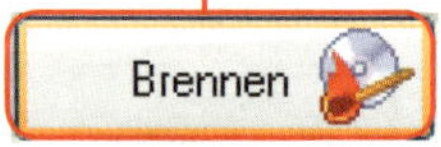

7 Infolgedessen wandelt das Brennprogramm die Dateien in das DVD-Format um und brennt sie anschließend auf den eingelegten DVD-Rohling.

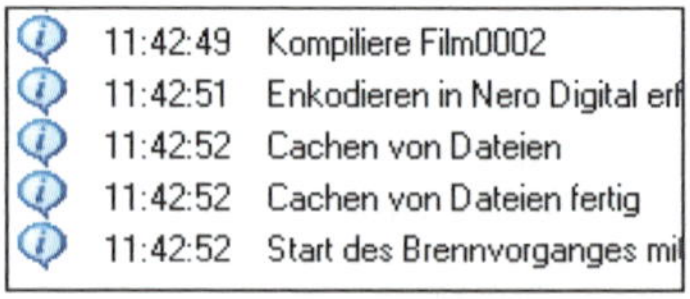

Am kontinuierlich wachsenden grünen Balken können Sie den Fortschritt des Brennvorgangs mitverfolgen.

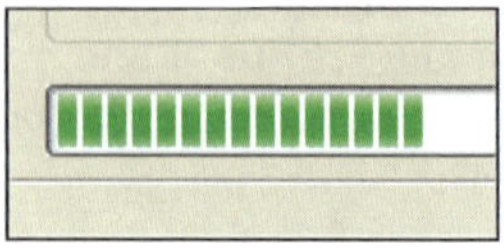

8 Zum Schluß bietet Ihnen das Programm an, eine Protokolldatei über den Brennvorgang zu speichern.

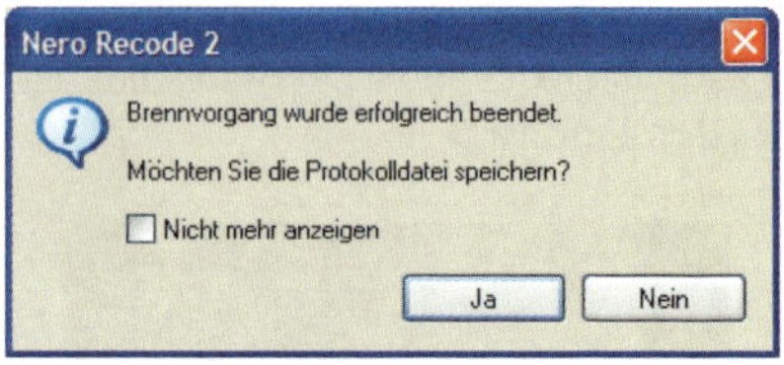

Legen Sie auf die Protokolldatei (zur nachträglichen Kontrolle des Brennvorgangs) Wert, klicken Sie auf die Schaltfläche

,

andernfalls auf

.

9 Ein letzter Mausklick auf die Schaltfläche

und im nächsten Fenster, um das Programm zu schließend, auf

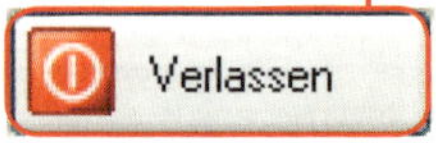

- und Sie haben es geschafft.

6 DVDs legal überspielen

Viele Filme werden schon auf der qualitativ hochwertigen DVD angeboten. Da solche DVDs sehr empfindlich sind, ist es praktisch, wenn man von seinen Filmschätzen eine Kopie besitzt. Mit den entsprechenden Programmen ist das heutzutage kein Problem mehr. Sie sollten allerdings bedenken, daß sich auf einer Film-DVD weit mehr Daten befinden, als auf einen handelsüblichen Rohling passen. Deshalb müssen die Filmdaten vor dem Kopiervorgang „geschrumpft“ oder aber von überflüssigen Teilen befreit werden. Mit dem Programm „DaViDeo LegalCopy“ zum Beispiel können Sie ohne viel Aufwand eine Direktkopie erstellen, die sich kaum vom Original unterscheidet. Und haben Sie die Filmdaten erstmal auf die Festplatte übertragen, kann Nero seine Fähigkeiten beim Bearbeiten und Brennen von Filmdateien unter Beweis stellen.

Bei aller Begeisterung für die technischen Möglichkeiten sollten Sie die rechtliche Seite jedoch auf keinen Fall außer acht lassen (vgl. auch Seite 8/9)! Das heißt, Sie dürfen nur von Ihren eigenen Film-DVDs Privatkopien erstellen und dies auch nur für den eigenen Gebrauch. Zudem dürfen Sie beim Brennen natürlich auch keinen Kopierschutz umgehen. Mit Nero BurningROM und LegalCopy können kopiergeschützte DVDs allerdings sowieso nicht gebrannt werden.

Im sechsten Kapitel dieses Buches erfahren Sie,

- wie Sie eine DVD direkt wieder auf DVD kopieren,
- wie Sie die Daten einer DVD auf die Festplatte kopieren,
- wie Sie diese kopierten Daten als DVD auf einen Rohling brennen
- und wie Sie nur den Hauptfilm einer Film-DVD in optimaler Qualität auf DVD brennen.

Kapitel-Wegweiser

Kopierschutzfreie DVDs kopieren

Das Hauptproblem beim Kopieren einer professionellen DVD besteht in der sehr großen Datenmenge. Eine gekaufte Film-DVD hat meist eine Größe von mindestens 7 Gigabyte. Auf einen handelsüblichen DVD-Rohling passen jedoch nur 4,7 Gigabyte. Um die DVD zu kopieren, können Sie die Daten entweder „schrumpfen“ und Qualitätseinbußen hinnehmen oder aber den Inhalt auf zwei Rohlinge brennen. Beide Möglichkeiten lassen sich sehr komfortabel mit „DaViDeo LegalCopy“ verwirklichen. Außerdem können Sie mit dem Programm die Daten einer Film-DVD auch zuerst auf die Festplatte kopieren und später auf einen Rohling brennen.

! Kopierschutz beachten

Da die juristische Seite von erheblicher Bedeutung ist, hier erneut der Hinweis: Sie dürfen natürlich ausschließlich Ihre eigenen DVDs kopieren. Und diese DVDs dürfen nicht kopiergeschützt sein, da die Umgehung eines Kopierschutzes strafbar ist. Ebenso unzulässig ist die Verwendung von Programmen, die einen Kopierschutz umgehen können. Der Einsatz solcher verbotener Programme ist ebenfalls strafbar.

DaViDeo LegalCopy installieren

DaViDeo LegalCopy ist ein Spezialprogramm, mit dem Sie Video-DVDs kopieren können. Das Programm beherrscht die Direktkopie einer DVD ebenso wie das Speichern von DVD-Daten auf der Festplatte. Diese Daten können dann später mit LegalCopy oder auch einem anderen Brennprogramm wieder auf DVD gebrannt werden. Die Installation des Programms ist ganz einfach.

1 Nachdem Sie die Programm-CD in Ihr CD-ROM-Laufwerk eingelegt haben, klicken Sie im automatisch gestarteten Begrüßungsbildschirm auf

und im dann folgenden Fenster auf die Schaltfläche

.

2 Anschließend wird der obligatorische Lizenzvertrag eingeblendet.

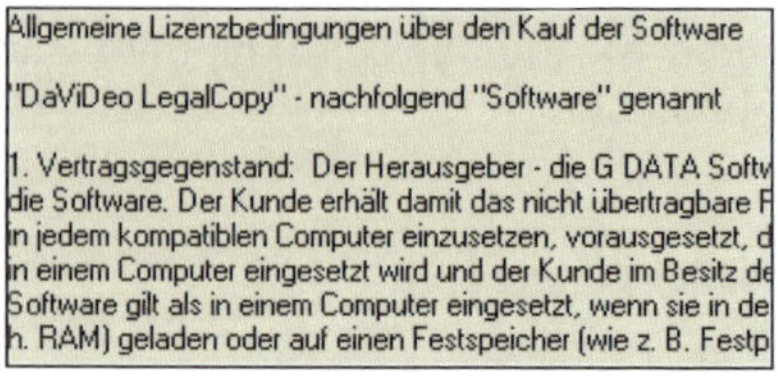
Allgemeine Lizenzbedingungen über den Kauf der Software

"DaViDeo LegalCopy" - nachfolgend "Software" genannt

1. Vertragsgegenstand: Der Herausgeber - die G DATA Softw
die Software. Der Kunde erhält damit das nicht übertragbare R
in jedem kompatiblen Computer einzusetzen, vorausgesetzt, d
in einem Computer eingesetzt wird und der Kunde im Besitz de
Software gilt als in einem Computer eingesetzt, wenn sie in de
h. RAM) geladen oder auf einen Festspeicher (wie z. B. Festp

Lesen Sie sich diese Vereinbarungen durch, und klicken Sie dann zum Zeichen Ihres Einverständnisses auf

.

3 Im nächsten Fenster müssen Sie Ihren Namen und die Seriennummer des Programms in die jeweiligen Felder eintippen.

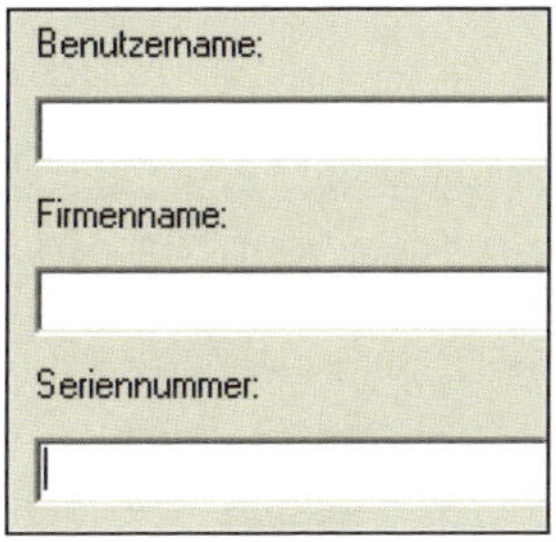

Die Seriennummer finden Sie auf der Rückseite des mitgelieferten Handbuchs unter der Bezeichnung „Registriernummer“. Klicken Sie danach zweimal hintereinander jeweils auf

.

4 Daraufhin wird das Programm installiert. Ist die Installation abgeschlossen, wird eine Meldung ausgegeben.

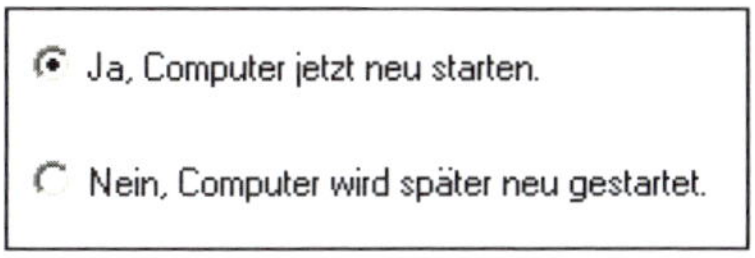

Damit das Programm verwendet werden kann, muß Ihr Rechner neu gestartet werden. Lassen Sie die Einstellung also, wie sie ist, und klicken Sie direkt auf die Schaltfläche

.

Nach dem Neustart, steht Ihnen DaViDeo LegalCopy zur Verfügung.

Die DVD-Direktkopie mit LegalCopy

Bei einer Direktkopie wird die DVD direkt auf einen Rohling gebrannt. Da auf normalen Rohlingen, wie eingangs erwähnt, nicht so viel Platz ist wie auf kommerziellen Film-DVDs, müssen die Daten geschrumpft werden. Diese Arbeit nimmt Ihnen DaViDeo LegalCopy jedoch fast vollständig ab, so daß einer legalen Sicherungskopie nichts mehr im Wege steht.

1 Legen Sie die DVD, die Sie kopieren möchten, in Ihren DVD-Brenner ein, und starten Sie dann DaViDeo LegalCopy per Mausklick auf ●.

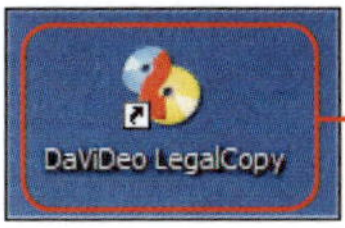

2 Wenn Sie im Begrüßungsbildschirm auf die Schaltfläche

klicken, werden die notwendigen Einstellungen angezeigt.

→ Das „Quellmedium“ (die DVD, die gebrannt werden soll) ● ist schon ausgewählt,

ebenso das „Zielmedium“ ●.

Auch Ihr DVD-Brenner ist bereits voreingestellt.

3 Da zum Kopieren einer DVD sehr viel Speicherplatz benötigt wird, sollten Sie sicher sein, daß auf Ihrer Festplatte auch noch genügend Platz frei ist. Normalerweise erfolgt die Zwischenspeicherung der Dateien auf dem Laufwerk, auf dem auch das Programm installiert ist. Falls Sie dies ändern möchten, klicken Sie im Menü auf

,

danach auf den Eintrag ●

und schließlich im geöffneten Einstellungsfenster auf den Registerreiter

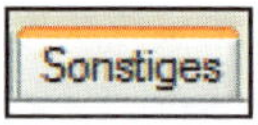

.

! Speicherplatz feststellen

Um zu ermitteln, wieviel Platz auf Ihren Laufwerken noch frei ist, klicken Sie einfach das jeweilige Laufwerkssymbol an.

Im linken Teil des Fensters wird dann auch der aktuell zur Verfügung stehende Speicherplatz angegeben.

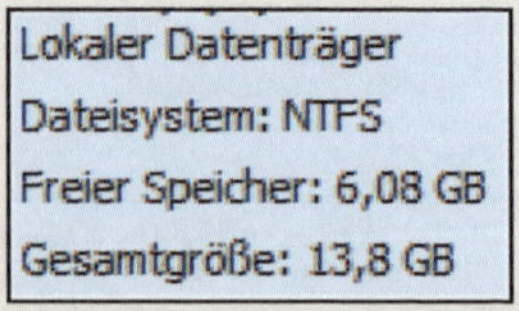

Im Beispielfall sind auf dem Datenträger noch 6,08 Gigabyte Speicherplatz frei.

4 Im nachfolgenden Fenster klicken Sie neben dem Eintrag für den Speicherort

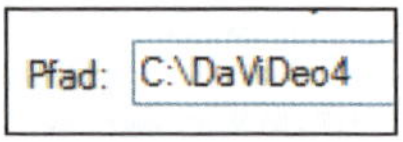

auf die unscheinbar wirkende Schaltfläche

und wählen dann per Mausklick ein Laufwerk aus, etwa ●.

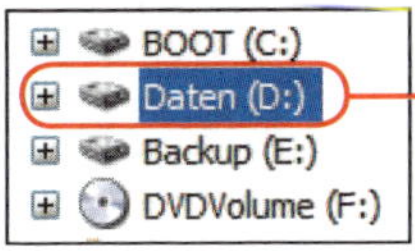

Zur Bestätigung reicht der übliche Klick auf

.

5 Um das Einstellungsfenster zu schließen, klicken Sie noch ein weiteres Mal auf

.

Damit sind Sie wieder im Hauptfenster, wo Sie den Prozeß per Klick auf die Schaltfläche ● in Gang setzen.

6 Zuvor müssen Sie Ihrer DVD aber noch einen Namen geben. Tragen Sie also einen beliebigen Namen in das Textfeld ein ●,

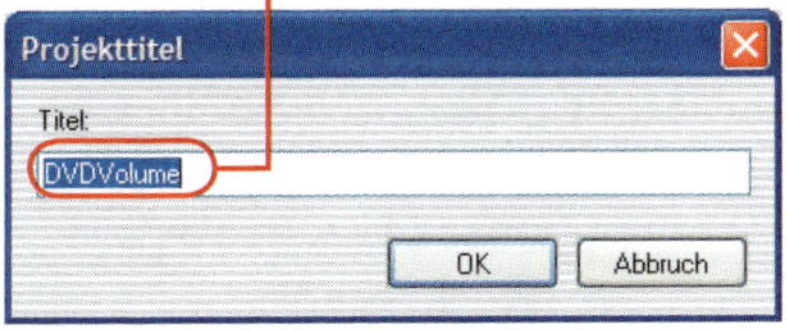

und klicken Sie danach auf

.

7 Daraufhin beginnt das Programm mit der Analyse der Film-DVD.

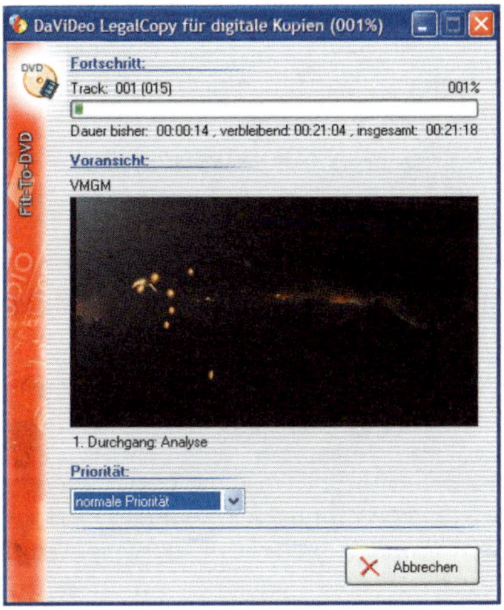

Wappnen Sie sich mit etwas Geduld, denn dieser Vorgang kann einige Zeit dauern - bei einem langsamen Rechner durchaus schon mal über eine Stunde. Nach Abschluß der Analyse wird der Film zur Zwischenspeicherung auf die Festplatte kopiert.

8 Wenn der Kopiervorgang beendet ist, erhalten Sie den Hinweis, daß sich kein Medium im DVD-Brenner befindet. Nehmen Sie die Film-DVD aus dem Brenner, legen Sie einen Rohling ein, und klicken Sie anschließend auf ●.

9 Nachdem der Rohling vom Programm überprüft wurde, bekommen Sie Angaben zum eingelegten Rohling angezeigt.

Mit einem Mausklick auf die Schaltfläche

wird der Brennvorgang endgültig gestartet. Die Brenngeschwindigkeit hängt jetzt von der Qualität des Rohlings und der Geschwindigkeit des Brenners ab. In der Regel benötigt ein einfacher Brenner ungefähr die Hälfte der Zeit zum Brennen, die der Film normalerweise dauert.

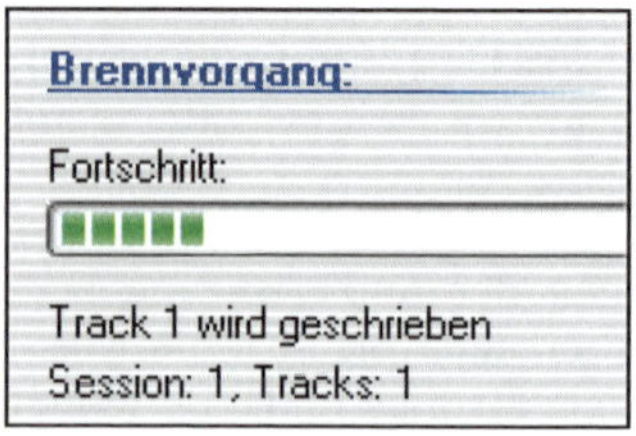

10 Sobald der Brennvorgang abgeschlossen ist, wird die DVD ausgeworfen und eine Meldung ausgegeben. Beantworten Sie den entsprechenden Hinweis einfach per Klick auf die Schaltfläche ●.

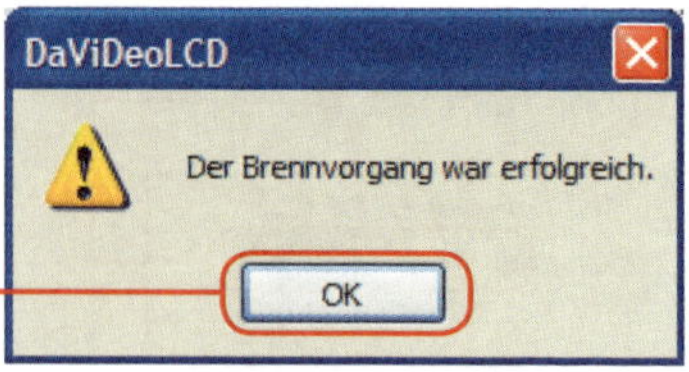

DVD auf die Festplatte kopieren

Sollten Sie nicht so viel Zeit am Stück haben, können Sie die Dateien der DVD auch erst auf die **Festplatte** (die allerdings groß genug sein muß) kopieren und dann später auf eine DVD brennen. Dieser Vorgang wird „Rippen" genannt, da die Dateien von einer DVD nicht einfach kopiert werden können, sondern zuvor umgewandelt werden müssen.

1 Legen Sie die nicht kopiergeschützte DVD in Ihr DVD-Laufwerk ein, starten Sie wieder DaViDeo LegalCopy per Doppelklick auf das Programmsymbol ●,

und klicken Sie im Begrüßungsbildschirm auf

.

2 Im Programmfenster, das daraufhin geöffnet wird, folgt ein Mausklick

auf den Eintrag

und anschließend auf

.

3 Die im nächsten Fenster angezeigten Voreinstellungen können Sie beibehalten, sofern auf der angegebenen Festplatte noch genug Platz für die Dateien vorhanden ist.

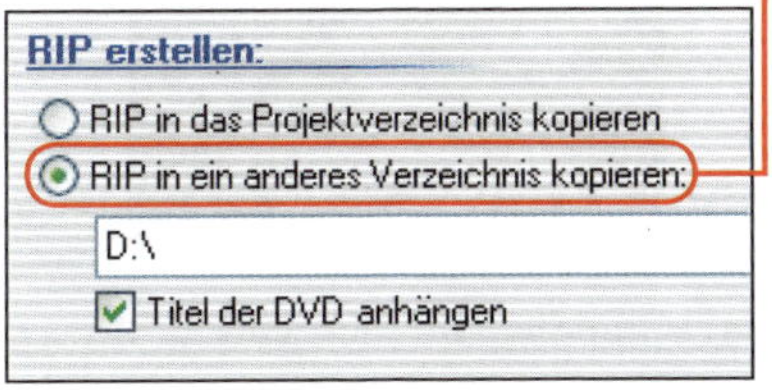

Dateimenge einer DVD

Bei einer Direktkopie werden die Dateien direkt komprimiert, so daß sie auf einen Rohling mit 4,7 Gigabyte Speicherplatz passen. Werden die Dateien hingegen auf die Festplatte kopiert, entfällt das Komprimierungsverfahren, so daß ein normaler Film leicht mehr als 7 Gigabyte auf der Festplatte beanspruchen kann.

Falls auf der angegebenen Festplatte nicht ausreichend Speicherplatz vorhanden sein sollte, wählen Sie eine andere Festplatte aus. Gehen Sie dabei so vor, wie es im vorigen Abschnitt in den Schritten 4 und 5 gezeigt wurde, und klicken Sie danach auf

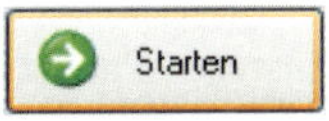

.

4 Als nächstes können Sie Ihrem Projekt noch einen Namen geben. Nachdem Sie die entsprechende Angabe gemacht

und anschließend auf die Schaltfläche

geklickt haben, werden die Dateien von der DVD auf die Festplatte übertragen.

5 Auch beim Kopieren der DVD-Dateien gilt wieder, daß der Vorgang etwas länger dauern kann. Über die benötigte Zeit werden Sie im Verlaufsfenster informiert,

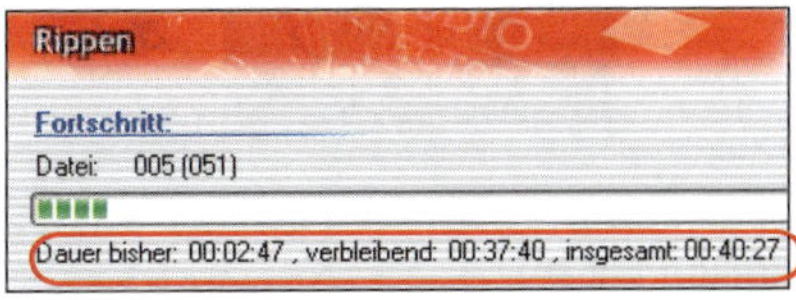

ebenso wie über den noch verfügbaren Speicherplatz auf der Festplatte.

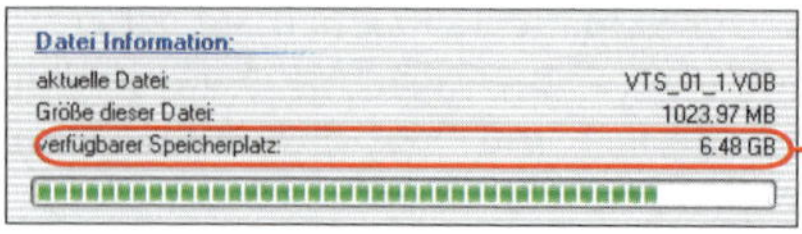

6 Ist der Kopiervorgang abgeschlossen, wird eine Meldung ausgegeben. Um das Hinweisfenster zu schließen, klicken Sie einfach auf die gleichnamige Schaltfläche.

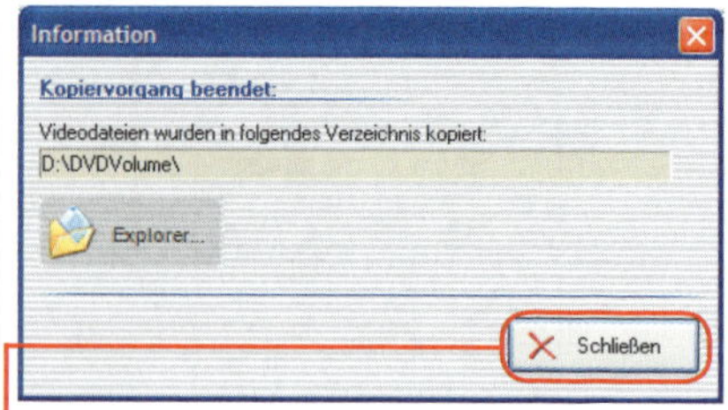

Die DVD-Dateien befinden sich jetzt zur Weiterverarbeitung im angegebenen Ordner.

Kopierte DVD-Daten wieder als DVD brennen

Die Daten der DVD liegen auf der Festplatte unkomprimiert zum Kopieren bereit und können nun mit jedem guten Brennprogramm wieder als DVD gebrannt werden. Bei Nero ist für die Umwandlung von Videodateien das Programm „Nero Recode“ zuständig.

1 Um Zugriff auf das benötigte Programm zu bekommen, klicken Sie zunächst doppelt auf das Symbol,

,

im daraufhin geöffneten Fenster wieder einfach auf

.

und schließlich auf den Eintrag.

2 Wenn Sie im Fenster von Nero Recode dann auf die Schaltfläche

klicken, wird der Dateimanager angezeigt, und Sie können per Mausklick den Ordner mit den gespeicherten Filmdateien auswählen.

3 Daraufhin analysiert Nero Recode den Film und liest die Daten des Films ein.

Nach Abschluß der Analyse werden die einzelnen Bestandteile des Films tabellarisch aufgelistet.

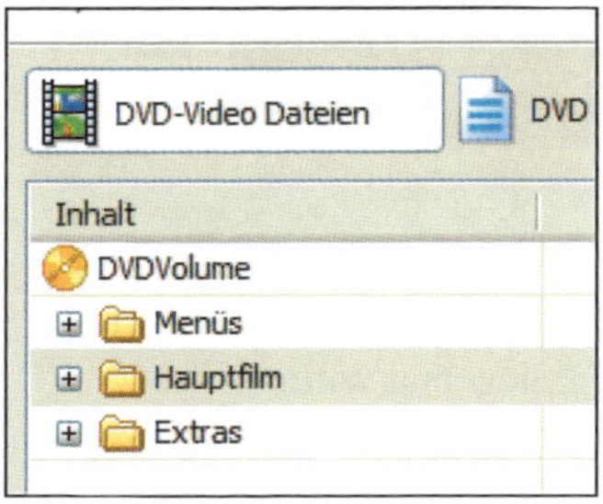

4 Neben den einzelnen Einträgen wird auch die jeweilige Größe angegeben.

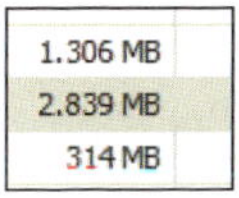

Zudem erfahren Sie im rechten Teil des Fensters, wie groß der eingelegte DVD-Rohling ist

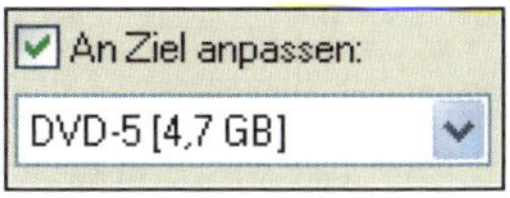

und welche Größe die Filmdatei hat, nachdem Sie von Nero Recode komprimiert wurde.

Dabei versucht das Programm immer, die einzelnen Dateien so zu komprimieren, daß sie auf den eingelegten Rohling passen. Dies können Sie auch an dem farbigen Balken am unteren Fensterrand erkennen.

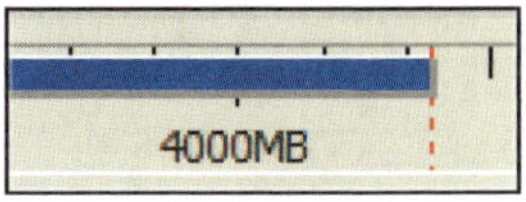

5 Da das Komprimieren der Dateien grundsätzlich mit einem gewissen Qualitätsverlust verbunden ist, sollten Sie sich überlegen, bei welchen Teilen des Films die Qualität nicht von so großer Bedeutung ist. Denn dann kann Nero die Qualität auf die anderen Bereiche konzentrieren. Falls Ihnen die Menüs und die Extras (wie etwa Vorfilme) nicht so wichtig sein sollten, können Sie die Qualität dieser Teile also verringern und dadurch für den Hauptfilm etwas mehr Platz bereitstellen.

Klicken Sie dazu auf den kleinen Schieberegler für den Hauptfilm ●,

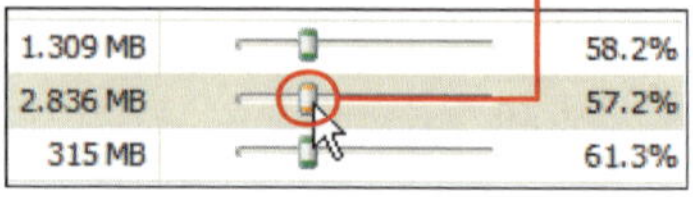

halten Sie die Maustaste gedrückt, und ziehen Sie den Regler nach rechts. An den Prozentangaben sehen Sie dann, daß die Qualität für den Hauptfilm steigt ●, während die Qualität für die anderen Teile des Films ● abnimmt.

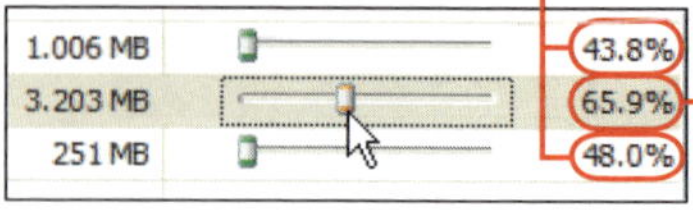

Dieser manuellen Einstellung sind allerdings enge Grenzen gesetzt, da Nero darauf achtet, daß alle Teile des Films in einer guten Qualität auf die DVD gelangen. Wenn Sie alle Einstellungen wunschgemäß vorgenommen haben, klicken Sie auf die Schaltfläche

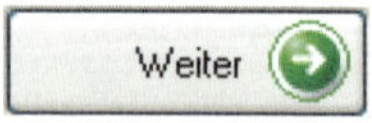

.

6 Im nachfolgenden Fenster werden Ihnen noch einmal alle Einstellungen präsentiert. Behalten Sie diese Einstellungen in jedem Fall bei. Vor allem bei der „Erweiterten Analyse" sollten Sie das Häkchen belassen, ●

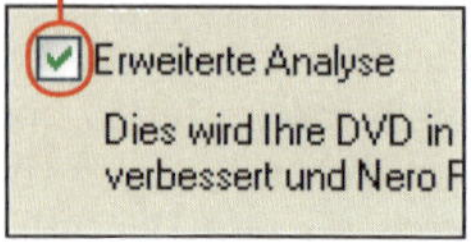

denn damit stellen Sie sicher, daß der Film vor dem Brennvorgang noch doppelt untersucht wird. Im ersten Durchgang testet das Programm die benötigte Datenmenge. Da bei stark bewegten Bildern (Autofahrten, Stürme, Explosionen) mehr Daten übertragen werden, reserviert Nero für diese Stellen mehr Platz und bei ruhigen Szenen weniger. Dadurch wird die Qualität des gesamten Films verbessert.
Klicken Sie anschließend auf

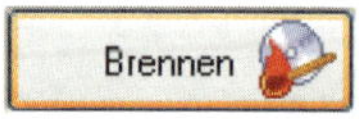

.

7 Daraufhin beginnt Nero mit der Untersuchung des Films, die Sie in einem kleinen Vorschaufenster mitverfolgen können.

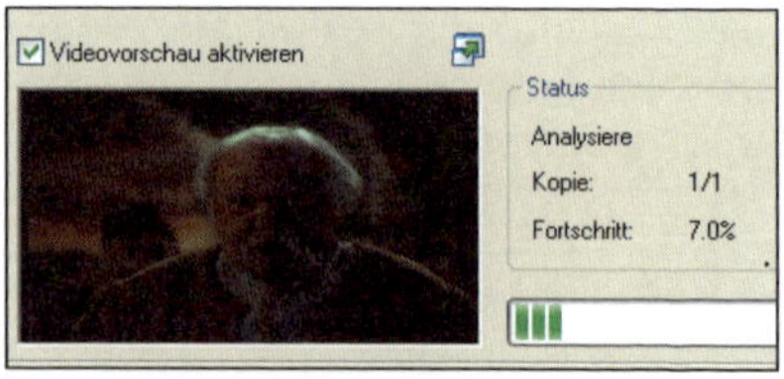

Dieser Vorgang nimmt wieder eine gewisse Zeit in Anspruch, die aber ebenfalls angegeben wird.

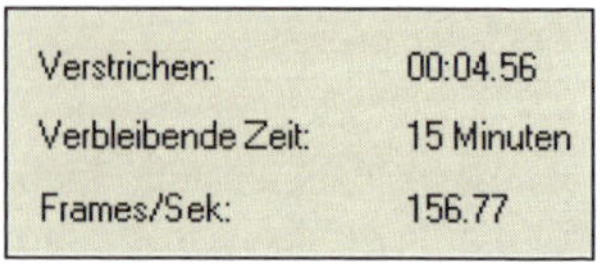

Dabei bedeutet der Eintrag „Frames/Sek", wieviele Bilder pro Sekunde verarbeitet werden.

8 Der zweite Durchlauf wird dann automatisch durchgeführt, so daß Sie sich nicht weiter darum kümmern müssen. Ist der Brennvorgang abgeschlossen, wird eine Meldung ausgegeben. Im Normalfall benötigen Sie keine Protokolldatei für den Brennvorgang. Deshalb beenden Sie das Programm mit einem einfachen Mausklick auf ●.

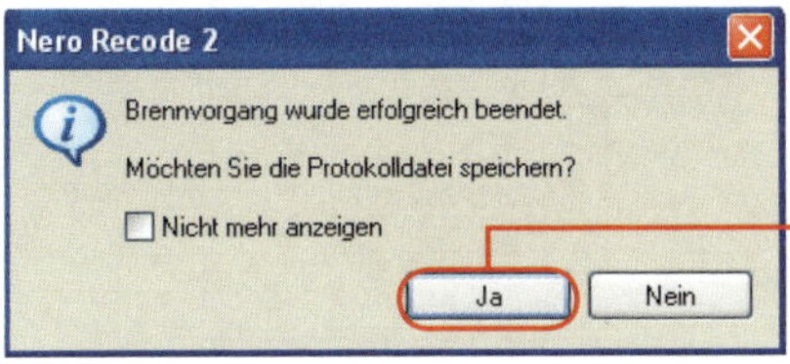

Den Hauptfilm auf DVD brennen

Sollte der importierte Film so lang sein, daß die Qualität bei der Komprimierung zu stark leiden würde, können Sie auch nur die entscheidenden Teile auf DVD brennen. Wenn Ihnen beispielsweise die Menüs, Vorfilme und Untertitel nicht so wichtig sind, können Sie auch nur den Hauptfilm auf DVD brennen. Dadurch erhalten Sie eine optimale Qualität, da der Platz für die überflüssigen Teile des Films dem Hauptfilm zugute kommt.

1 Nach einem Doppelklick auf das Symbol

wählen Sie am linken Rand des geöffneten Fensters per Mausklick den Eintrag ● aus.

Falls die Programmliste nicht sichtbar sein sollte, klicken Sie auf die Schaltfläche ganz am linken Fensterrand.

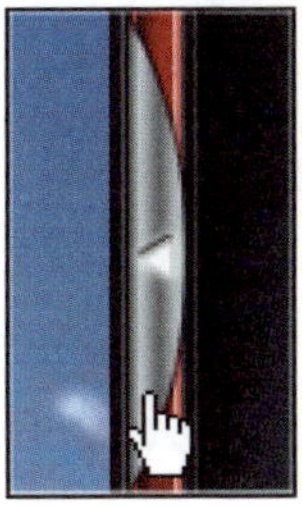

2 Im Fenster von Nero Recode klicken Sie dann auf den Eintrag ●

und anschließend auf die Schaltfläche

.

Folgen Sie danach den Schritten 2 und 3 des vorigen Abschnitts.

3 Wie Sie sehen, wird im Bearbeitungsfenster jetzt nur der Hauptfilm angezeigt.

Im rechten Teil des Fensters können Sie zudem die mögliche Qualität ablesen.

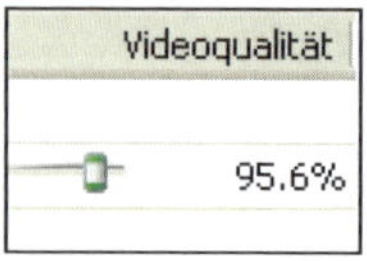

4 Sollte Ihnen die Qualität nicht ausreichen, können Sie weitere Teile des Films entfernen. So haben die meisten DVDs beispielsweise mehrere Tonspuren in unterschiedlichen Sprachen. Sie finden die Tonspuren im unteren Teil des Fensters.

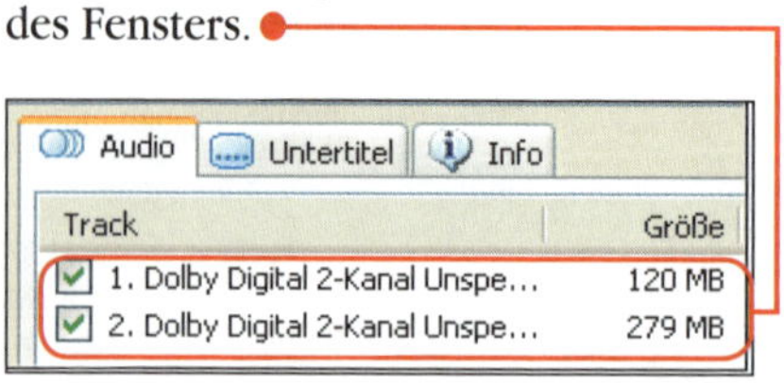

Bei mehrsprachigen Filmen ist das Englische meist die erste Tonspur in der Liste. Ist der Film, wie in diesem Beispielfall, ausschließlich in Deutsch, unterscheiden sich die Tonspuren lediglich in der Qualität voneinander. Je höher die Qualität, desto größer die Datei. Um jetzt eine Tonspur nicht mitzukopieren, klicken Sie auf den entsprechenden Eintrag, so daß das Häkchen vor dem Eintrag verschwindet.

Die Qualität des Hauptfilms verbessert sich dadurch schlagartig.

5 In diesem Beispiel steht die Qualität auf 100 %, so daß der Hauptfilm in optimaler Qualität (ohne daß der Film komprimiert wird) auf den Rohling gebrannt werden kann. Reicht das Entfernen einer Tonspur jedoch nicht aus, können Sie natürlich auch noch den Vor- und Abspann des Filmes entfernen. Klicken Sie dazu als erstes auf die Schaltfläche

.

Daraufhin werden zwei Filmfenster eingeblendet.

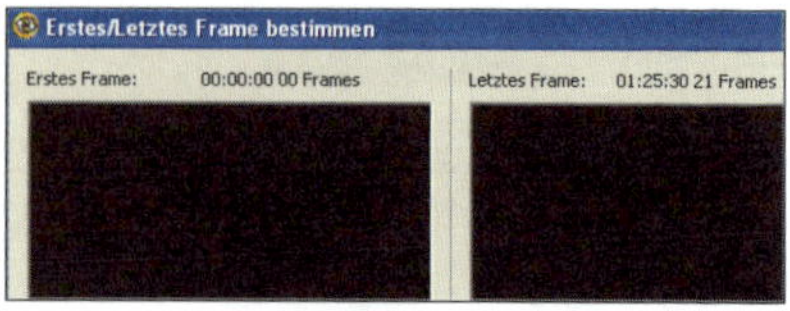

6 Als nächstes klicken Sie unterhalb des ersten Fensters auf den Schieberegler, halten die Maustaste gedrückt

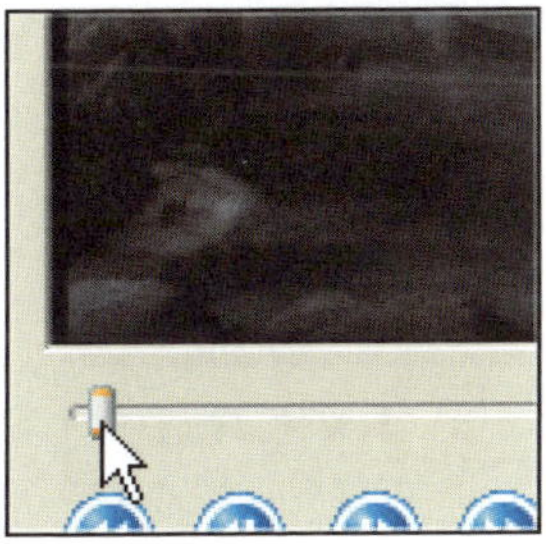

und ziehen dann den Regler mit weiterhin gedrückter Maustaste nach rechts, bis der Vorspann des Films im Vorschaufenster vorbei ist. Um ganz genau, praktisch Bild für Bild, nach vorne zu „spulen“, verwenden Sie die Pfeiltasten. Mit der →-Taste spulen Sie vorwärts, mit der ←-Taste zurück.

7 Mit der gleichen Methode entfernen Sie anschließend auch den Abspann im rechten Fenster.

Wenn Sie sowohl den Vor- als auch den Abspann beseitigt haben, klicken Sie auf

.

8 Jetzt haben Sie für eine gute Qualität Ihres Films gesorgt. Achten Sie nur noch darauf, daß das Häkchen vor dem Eintrag „An Ziel anpassen“ gesetzt ist:

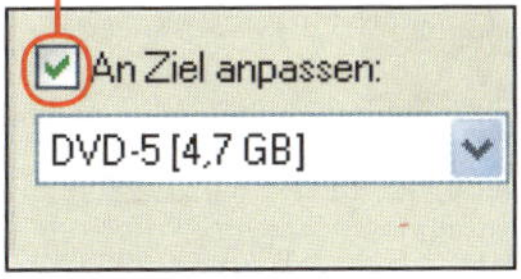

Denn damit stellen Sie sicher, daß Nero den Film auch so bearbeitet, daß er auf den DVD-Rohling paßt. Klicken Sie danach auf

.

9 Daraufhin können Sie die Qualität sogar noch um eine weitere Nuance steigern. Klicken Sie neben dem Eintrag „High-Quality Modus“ auf das Kästchen,

,

so daß darin ein Häkchen erscheint:

Infolgedessen wird die Datei zwar langsamer gebrannt, dafür verbessert sich die Qualität des Films aber nochmals. Klicken Sie anschließend auf die Schaltfläche

.

10 Nun wird der Hauptfilm in größtmöglicher Qualität auf den DVD-Rohling gebrannt.

Zum Schluß brauchen Sie nur noch die Frage nach einer Protokolldatei per Mausklick auf

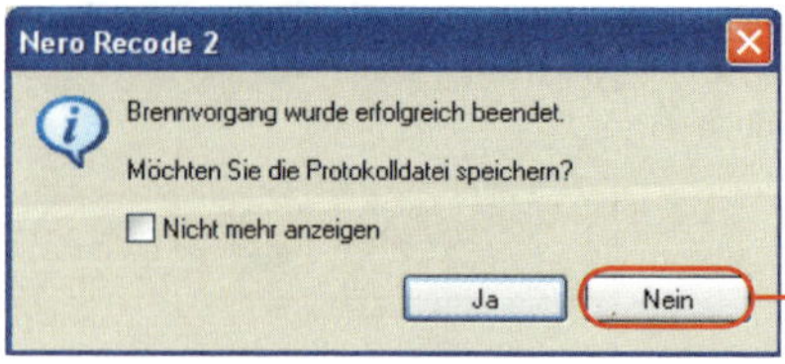

zu verneinen, im dann noch sichtbaren Nero-Recode-Fenster auf

und danach auf die Schaltfläche

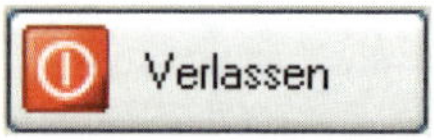

zu klicken, um das Programm zu beenden.

7 Digitalbilder schön präsentieren

Mit den modernen Digitalkameras ist es so einfach, Bilder zu machen, daß es eigentlich kaum noch Anlässe gibt, bei denen *nicht* fotografiert wird. Damit die Erinnerungen an Urlaube, Geburtstage und andere Festivitäten nicht verstauben, können Sie sie auf den Rechner übertragen und dort zum Beispiel mit dem Programm „Nero Vision Express" als Diaschau auf eine Video-CD brennen. Und wenn Sie eine solche CD dann kopieren und weitergeben, kann sich jeder Ihre Bilder mit einem DVD-Player am Fernseher anschauen.

Ein Programm wie Nero verfügt jedoch selbstverständlich über mehr Fähigkeiten als das reine Brennen. So können Sie zum Beispiel Struktur und Optik der Diaschau ganz nach Wunsch abändern, indem Sie die Vorführung in Kapitel unterteilen, die einzelnen Kapitel mit Titeln hinterlegen und den Hintergrund dem jeweiligen Thema anpassen. Auch die Übergänge zwischen den einzelnen Bildern lassen sich individuell einrichten, so daß Sie dann mit Ihrer Fernbedienung nur noch die einzelnen Kapitel starten müssen.

Im siebten Kapitel dieses Buches erfahren Sie,
- wie Sie Ihre digitalen Fotos von der Kamera auf den Rechner übertragen,
- wie Sie Ihre Fotos zu einer Diaschau zusammenstellen,
- wie Sie diese Diaschau professionell gestalten,
- wie Sie die Diaschau mit einem Menü versehen
- und wie Sie Ihre gesammelten Fotos als Diaschau auf eine CD brennen.

Kapitel-Wegweiser

Fotos von der Digitalkamera übertragen

Die Bilder einer Digitalkamera werden entweder auf einem internen Speicher oder auf einer auswechselbaren **Speicherkarte** gespeichert

und können auf unterschiedliche Weise auf den Rechner übertragen werden. Wenn die Fotos im internen Speicher gelagert sind, werden sie per mitgeliefertem **USB**-Kabel übertragen. Sollten Sie demgegenüber eine auswechselbare Speicherkarte in Ihrer Kamera haben, können Sie die Bilder auch mit einem Kartenleser übertragen. Die Übertragung mit dem Kartenleser geht in den meisten Fällen auch flotter von der Hand als die direkte Übertragung von der Kamera.

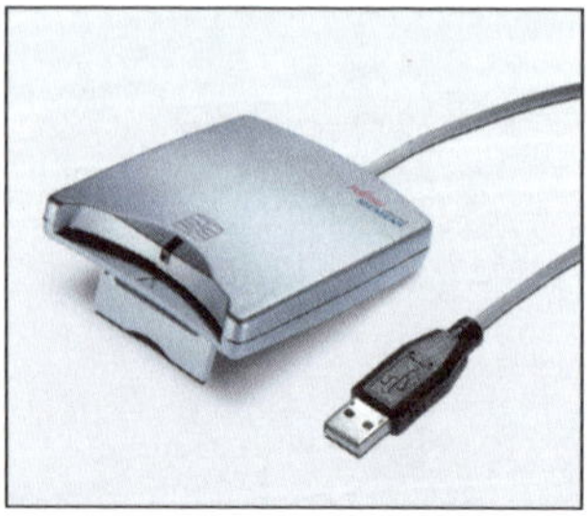

In beiden Fällen reichen die Programme von Windows XP aus, um die Bilder auf den Rechner zu übertragen. Außerdem sind in der Regel natürlich noch die speziellen Programme der jeweiligen Kamera dafür nötig.

Übertragung direkt von der Kamera

Nachdem Sie die Digitalkamera per USB-Kabel mit dem Rechner verbunden haben, ist es ein Kinderspiel, die Bilder aus dem digitalen Fotoapparat in den Rechner zu übertragen. Denn Windows XP bringt schon von Haus aus kleine Programme mit, die diese Aufgabe für Sie erledigen.

! USB-Spezialkabel der Kamera

Für die Verbindung mit dem Rechner benötigen Sie in den meisten Fällen ein USB-Kabel. Dieses Kabel ist jedoch kein normales USB-Kabel, da der Anschluß an der Kamera kleiner ist.

Deshalb können Sie auch nur das jeweils mitgelieferte Kabel verwenden.

1 Sobald Ihre Digitalkamera per Kabel mit dem Rechner verbunden ist, schalten Sie sie ein. Wie Sie kurz darauf sehen, wird die Kamera von Windows XP automatisch erkannt.

Klicken Sie einfach auf die Schaltfläche

.

2 Daraufhin erscheint das Begrüßungsfenster des Scanner- und Kamera-**Assistenten** von Windows.

Zur Bestätigung genügt wieder ein Mausklick auf

.

3 Das Programm liest die Fotos der Kamera jetzt ein und zeigt diese dann an.

Zunächst sind standardmäßig alle Bilder auf der Kamera ausgewählt. Sie erkennen das an den kleinen grünen Häkchen neben den Bildern.

Bei jedem Bild, das *nicht* auf den Rechner übertragen werden soll, müssen Sie also das Häkchen davor entfernen. Klikken Sie dazu einfach jeweils in den Kasten, damit das Häkchen verschwindet.

Nachdem Sie Ihre Wahl getroffen haben, klicken Sie auf

.

4 Im nächsten Fenster erhalten Sie die Gelegenheit, einen neuen Ordner für Ihre Bilder zu erstellen. Sie können einen Namen Ihrer Wahl eintippen

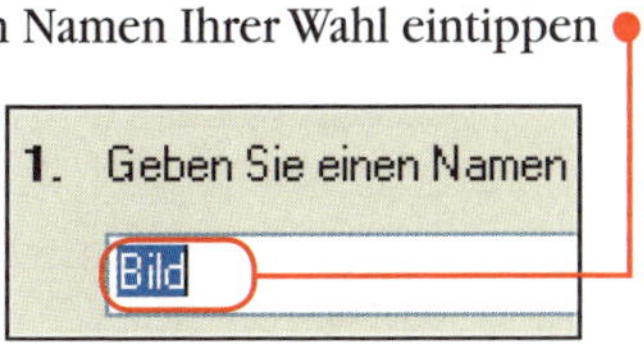

oder auch die Voreinstellung beibehalten. Klicken Sie danach wieder auf

,

damit die ausgewählten Bilder in den zuvor festgelegten Ordner kopiert werden.

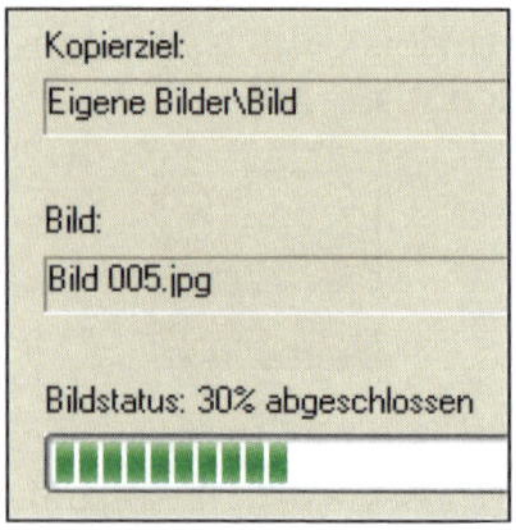

5 Nach Abschluß der Übertragung haben Sie die Möglichkeit, die Bilder gleich weiterzuverarbeiten.

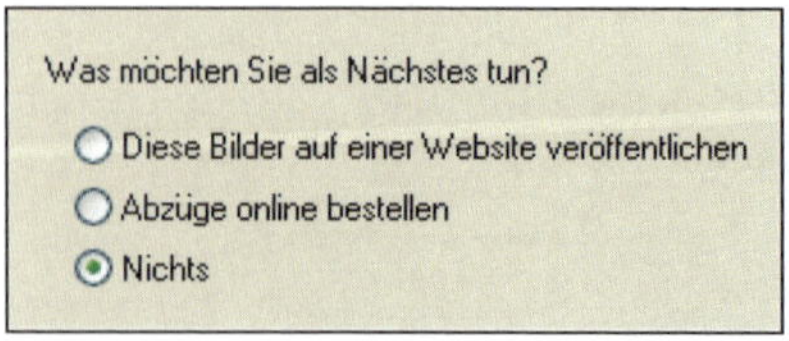

Falls Sie dies erst später tun möchten, behalten Sie die Voreinstellung bei und klicken einfach auf

.

6 Um den Scanner- und Kamera-Assistenten zu beenden,

genügt ein letzter Klick auf

.

Nun haben Sie die Bilder auf den Rechner übertragen und können sie wunschgemäß weiterverarbeiten.

Übertragung von der Speicherkarte

Häufig dauert die Bilderübertragung direkt von der Kamera sehr lange. Oder Sie haben besonders viele Bilder gemacht und deshalb mehrere Speicherkarten verwendet. In diesen Fällen ist ein Kartenleser für die Übertragung eine große Hilfe. Denn mit so einem Gerät geht die Übertragung der Bilder wesentlich flotter.

1 Wenn Sie den Kartenleser per USB-Kabel mit Ihrem PC verbinden, erkennt Windows XP die eingelegte Karte automatisch. Sie erscheint im Fenster des Arbeitsplatzes als weiteres Laufwerk.

Mit einem Doppelklick auf das Symbol werden die einzelnen Ordner der Speicherkarte geöffnet.

! Unterschiedliche Speicherorte

Bei den vielen Kamera-Modellen, die es im Handel gibt, können die Ordner, in denen die Bilder abgelegt werden, unterschiedlich sein. Sie müssen also unbedingt in der Gebrauchsanweisung Ihrer Kamera nachsehen, welcher Ordner in Ihrem Fall für die Fotos zuständig ist.

2 Sobald Sie den Ordner mit den Fotos doppelt, also zweimal kurz hintereinander, anklicken,

werden die gespeicherten Bilder angezeigt.

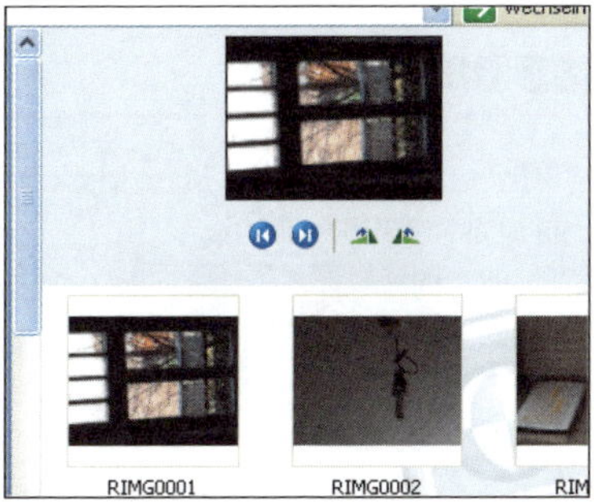

3 Im Normalfall werden die Fotos in der Ansicht „Filmstreifen" dargestellt. Diese Ansicht ist allerdings dann, wenn Sie besonders viele Bilddateien kopieren möchten, sehr unübersichtlich. Klicken Sie deshalb in der Menüleiste auf

und in der dann geöffneten Liste auf.

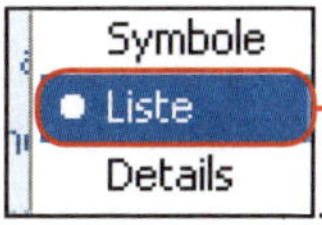

Daraufhin werden die Bilder mit ihrer Dateibezeichnung aufgelistet.

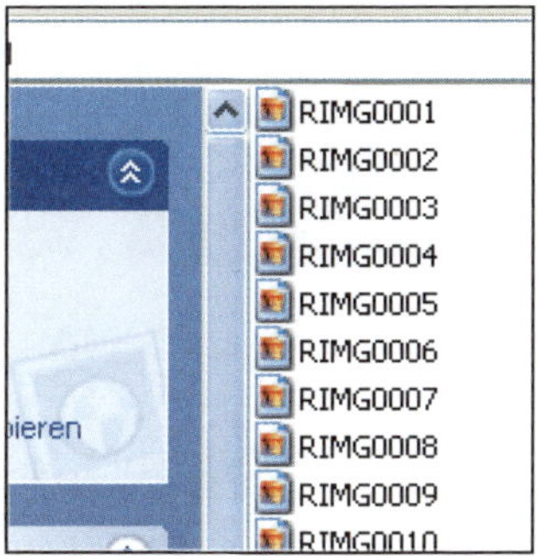

4 Um die Bilder, die kopiert werden sollen, auszuwählen, markieren Sie sie per Mausklick auf den jeweiligen Eintrag.

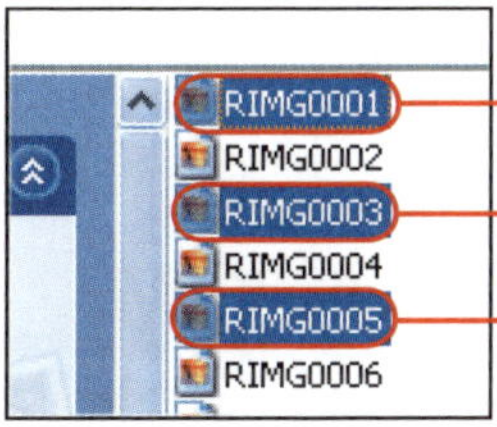

Möchten Sie mehrere Dateien gleichzeitig markieren, halten Sie die Strg-Taste gedrückt und klicken die gewünschten Dateien nacheinander an. Klicken Sie danach mit der rechten (!) Maustaste, und wählen Sie aus der aufgeklappten Liste den Eintrag ●.

5 Als nächstes öffnen Sie jeweils per Doppelklick den Ordner

und anschließend den Bilderordner ●.

6 Damit die ausgewählten Fotos nun im Bilderordner gespeichert werden, klicken Sie einfach mit der rechten (!) Maustaste auf einen freien Bereich des Ordners und wählen dann aus der geöffneten Liste den Eintrag ● aus.

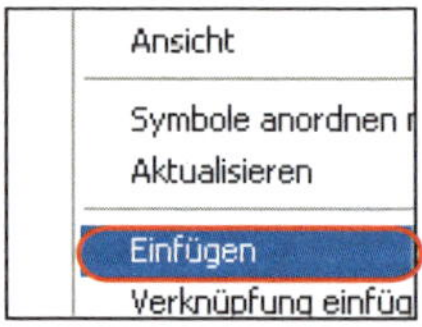

Daraufhin werden die Fotos im Bilderordner gespeichert.

Bilder als Diaschau brennen

Selbstverständlich können Sie sich Ihre Bilder am Computer anschauen. Komfortabler und auch eleganter ist es jedoch, wenn Sie Ihre Fotos als Diaschau auf eine CD brennen und sie dann am Fernseher begutachten. Mit Nero Vision Express ist das ganz einfach zu bewerkstelligen.

Eine Diaschau zusammenstellen

Zunächst mal geht es darum, aus den auf der Festplatte gespeicherten Bildern diejenigen auszuwählen, die dann die Diaschau bilden sollen.

1 Öffnen Sie Nero per Mausklick auf das Programmsymbol

,

und klicken Sie im Nero-StartSmart-Fenster auf den Eintrag ●.

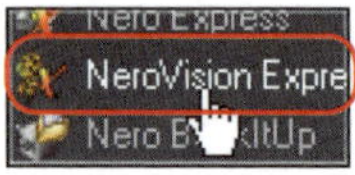

2 Im geöffneten Eingangsfenster von Nero Vision Express folgt ein Mausklick auf

und anschließend auf

.

3 Daraufhin wird das Projektfenster von Nero Vision Express angezeigt, in dem Sie auf den Eintrag für die Diaschau klicken:

Um ein neues Projekt anzulegen, öffnen Sie mit einem Klick auf das blaue Dreieck neben dem Textfeld

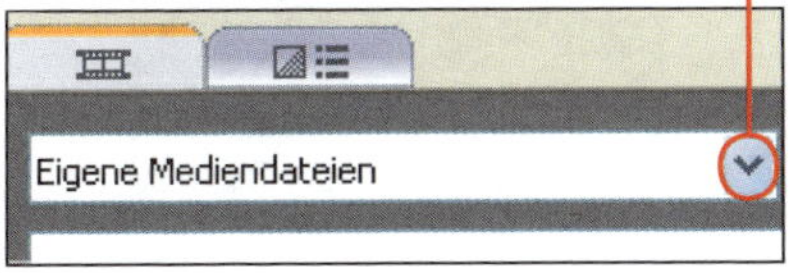

eine Liste, aus der Sie dann den Eintrag für eine neue Bildergruppe auswählen.

4 Als nächstes tragen Sie einen Namen für Ihre Diaschau ein, bevor Sie direkt darunter zur Bestätigung auf die Schaltfläche klicken.

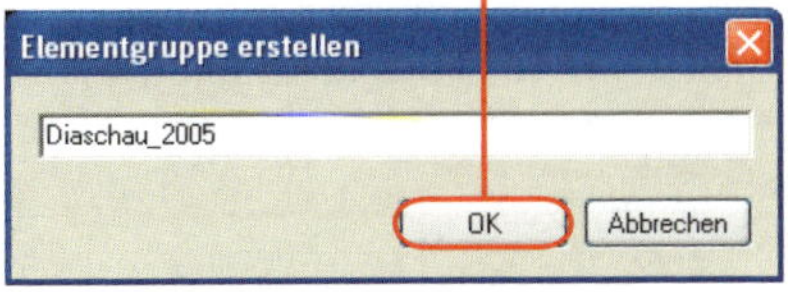

5 Damit nun Bilder in das Projekt eingefügt werden können, klicken Sie auf

und in der dann aufgeklappten Liste auf den Eintrag .

Anschließend wird das Fenster mit Ihren Bilddateien sichtbar.

6 Sobald Sie den Ordner mit den Bilddateien, die Sie hinzufügen möchten,

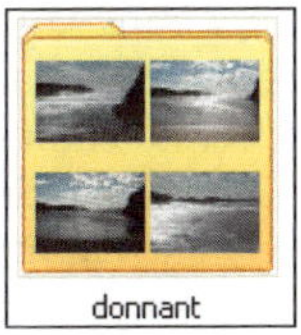

mit einem Doppelklick geöffnet haben, können Sie die gewünschten Bilder per einfachem Mausklick auswählen.

7 Nach erfolgter Auswahl reicht ein Mausklick auf

,

damit die Bilder zum Projekt hinzugefügt und im Projektfenster angezeigt werden.

Die Diaschau gestalten

Wie eingangs erwähnt, können Sie Ihre Diaschau ganz nach Ihren Wünschen gestalten. Das heißt, Sie bestimmen die Reihenfolge, in der die Bilder gezeigt werden, passen die Rahmenbedingungen an und können bei Bedarf sogar noch kleinere Fehler an den Bildern korrigieren.

1 Die Bilder werden sowohl im Projektfenster als auch im Bearbeitungsfenster angezeigt.

Um dic Reihenfolge Ihrer Fotos zu verändern, klicken Sie das entsprechende Bild im Bearbeitungsfenster an (der Mauszeiger verwandelt sich daraufhin in eine kleine Hand),

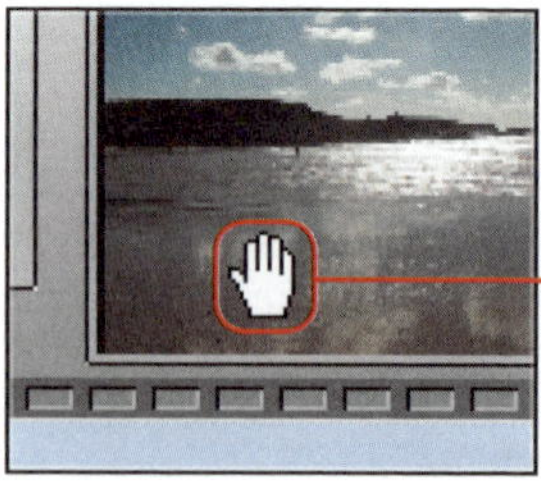

halten die Maustaste gedrückt und ziehen das Bild an die gewünschte Stelle im Bearbeitungsfenster, etwa.

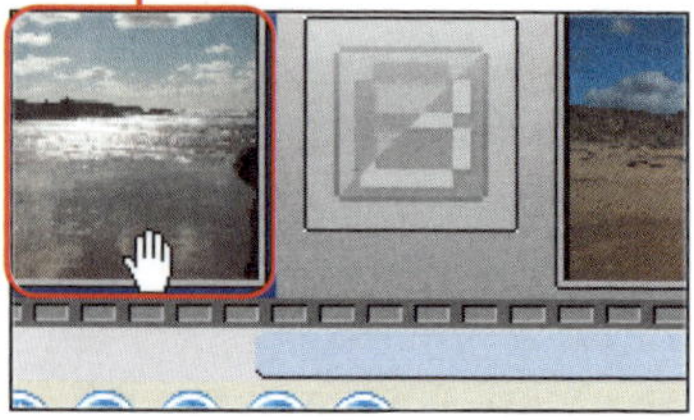

Lassen Sie dann die Maustaste wieder los.

2 Falls ein Bild in falscher Position angezeigt wird, können Sie es korrekt ausrichten.

Klicken Sie das betreffende Foto einfach an und danach auf die Schaltfläche

.

Dadurch wird das Bild um 90 Grad nach rechts gedreht.

Soll das Bild nach links gedreht werden, klicken Sie einfach auf die dafür vorgesehene Schaltfläche

.

3 Erscheint Ihnen ein Bild zu groß, können Sie auch das korrigieren. Markieren Sie das entsprechende Bild mit einem Mausklick, und klicken Sie dann auf die Schaltfläche

.

Anschließend taucht das Bild in einem eigenen Bearbeitungsfenster auf. An den Seiten sehen Sie Beschneidungslinien.

4 Klicken Sie eine dieser Beschneidungslinien an, halten Sie die Maustaste gedrückt, und ziehen Sie die Linie bis zu dem Punkt, an dem Sie das Bild abschneiden wollen.

Dabei wird das Seitenverhältnis beibehalten. Das heißt, wenn Sie die Länge des Bildes verändern, wird die Breite automatisch angepaßt.

5 Wenn Sie das Bild völlig frei, also ohne Vorgaben, ausschneiden möchten, müssen Sie das Häkchen unter dem Bild entfernen.

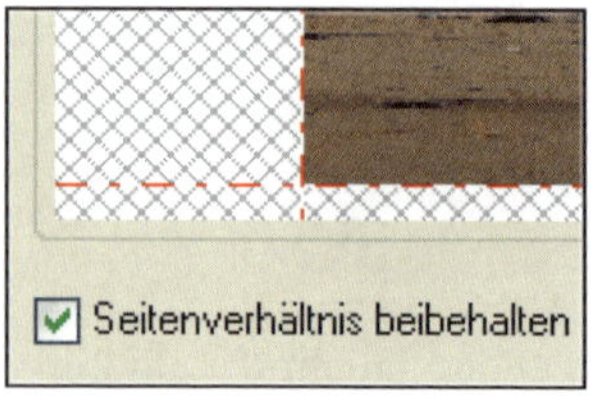

Klicken Sie dazu einfach in das Kästchen, so daß das Häkchen verschwindet:

Nun können Sie die Linien an jeder Seite frei ziehen, ohne daß automatisch eine Anpassung der Seitenverhältnisse vorgenommen wird.

6 In einem Vorschaufenster neben dem bearbeiteten Bild ist das Ergebnis immer direkt zu sehen.

Falls Ihnen das Ergebnis noch nicht gefallen sollte, klicken Sie auf die Schaltfläche

.

Daraufhin werden alle Änderungen zurückgenommen, und Sie können das Bild entweder unbeschnitten lassen oder einen anderen Bildausschnitt wählen, wie es in Schritt 4 gezeigt wurde. Sind Sie hingegen mit dem Ausschnitt zufrieden, klicken Sie auf die Schaltfläche

und übernehmen damit das beschnittene Bild in das Projektfenster.

> **! Genau hinschauen**
>
> Achten Sie darauf, daß Sie die beiden ähnlich aussehenden Schaltflächen nicht verwechseln! Wenn Sie nämlich auf die Schaltfläche rechts neben der Schaltfläche zum Entfernen nur *eines* Bildes klicken,
>
> 
>
> ,
>
> werden sämtliche Bilder aus der Diaschau entfernt. Was bedeutet, daß Sie Ihre Diaschau noch einmal anlegen müssen.

7 Wenn Sie im nachhinein feststellen, daß ein Bild überhaupt nicht in die Diaschau paßt, können Sie es auch einfach wieder entfernen. Dazu markieren Sie das gewünschte Bild und klicken dann auf .

Das Bild wird jedoch nur aus der Diaschau entfernt, das Originalbild wird weder verändert noch gelöscht!

Übergänge zwischen den Bildern einfügen

Bis zu diesem Zeitpunkt werden die Bilder in der fertigen Diaschau einfach nacheinander angezeigt. Auf Wunsch können Sie jedoch zwischen den einzelnen Bildern passende Übergänge schaffen.

1 Holen Sie dazu als erstes oberhalb des Projektfensters per Klick auf den Registerreiter

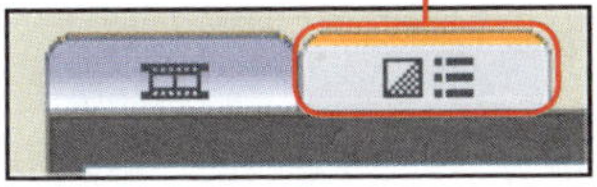

das dazugehörige Registerfenster in den Bildschirmvordergrund, und klicken Sie dann auf das blaue Dreieck

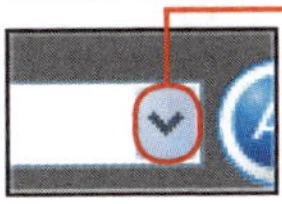

und anschließend in der geöffneten Liste auf den Eintrag .

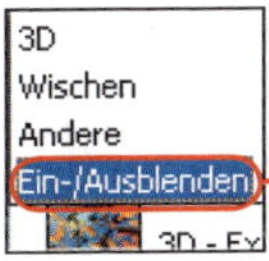

2 Daraufhin wird eine Auswahlliste mit möglichen Überblendeffekten angezeigt. Wenn Sie darin doppelt auf eine der Optionen klicken, zum Beispiel ,

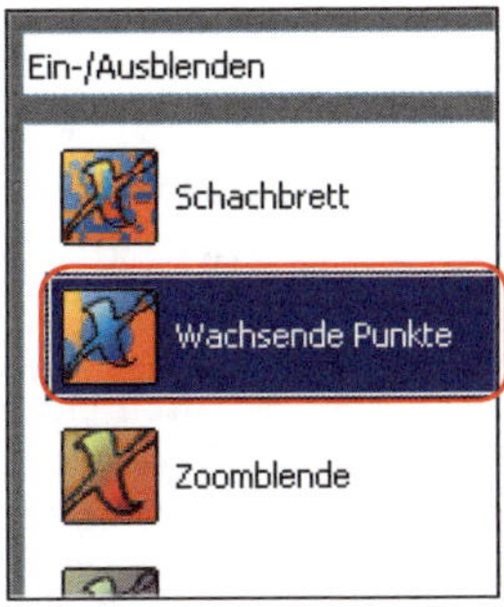

taucht zwischen den Bildern sofort das Symbol für diese Art der Überblendung auf.

3 Mit einem Doppelklick auf ein solches Symbol wird das entsprechende Eigenschaftsfenster geöffnet. Hier können Sie dann beispielsweise bestimmen, wie lange der Übergang von einem zum anderen Bild dauern soll. Klicken Sie dazu einfach auf die Pfeile rechts neben der Zeitanzeige.

Ein Klick auf den nach oben weisenden Pfeil verlängert die Zeit, ein Klick auf den Pfeil nach unten verkürzt die Dauer des Übergangs. Sie können diese Zeit für jeden Übergang ganz individuell festlegen. Wiederholen Sie dazu jeweils den Vorgang.

Danach schließen Sie das Fenster per Mausklick auf das Schließkreuz.

4 Auch die Eigenschaften eines jeden Bildes lassen sich wunschgemäß verändern. Um das benötigte Eigenschaftsfenster in den Vordergrund zu rükken, klicken Sie doppelt auf das entsprechende Bild im Bearbeitungsfenster.

Nun können Sie bei Bedarf beispielsweise die Zeit, die das Bild angezeigt wird, verlängern oder verkürzen. Richten Sie sich dabei nach der Methode, wie sie in Schritt 3 für die Überblendung gezeigt wurde.

5 Darüber hinaus können Sie noch für jedes Bild eine Überschrift und einen erklärenden Text in die entsprechenden Felder eintippen.

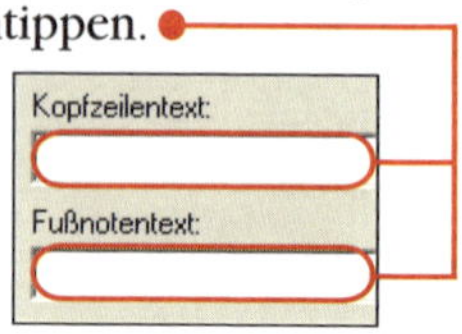

Der eingegebene Text erscheint direkt in dem jeweiligen Bild.

6 Wenn Sie die Über- oder Unterschrift an eine andere Stelle verschieben wollen, klicken Sie den jeweiligen Text an, halten die Maustaste gedrückt und ziehen ihn an die gewünschte Position.

7 Ebenso besteht die Möglichkeit, die Schriftart zu verändern. Klicken Sie dazu wie üblich auf das Dreieck neben dem Eintrag für die Schriften,

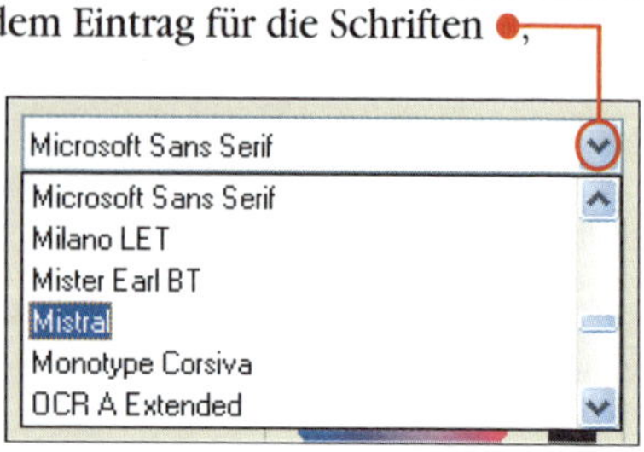

und wählen Sie dann eine Schrift aus, die auch unmittelbar danach angezeigt wird.

8 Den sogenannten Schriftschnitt können Sie ebenfalls anpassen. Klicken Sie dazu auf das entsprechende Dreieck ●, und wählen Sie den gewünschten Schriftschnitt per Mausklick aus, etwa ●.

Auch diese Korrektur können Sie sofort sehen.

9 Zudem läßt sich die Farbe der Schrift so verändern, daß sie zum Bildmotiv paßt. Klicken Sie dazu auf eine Farbe im Farbkreis, beispielsweise ●.

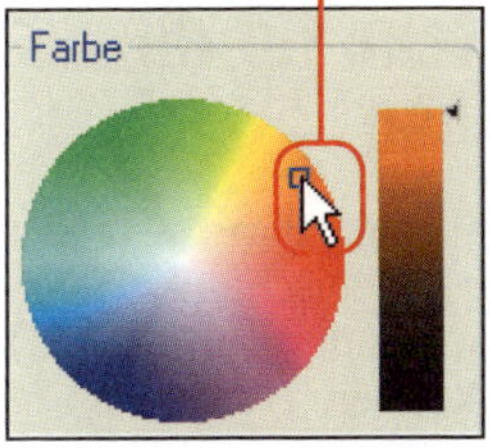

Das Ergebnis wird umgehend sichtbar.

10 Daß Sie auch noch die Helligkeit der Schriftfarbe individuell einstellen können, versteht sich bei dieser Vielzahl an Möglichkeiten fast von selbst. Klicken Sie dazu einfach auf die gewünschte Stelle in der Farbsäule.

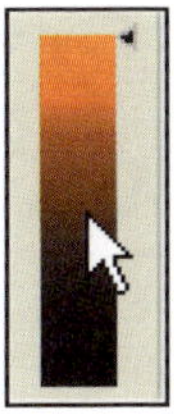

! Weniger ist mehr

Natürlich ist es verführerisch, sämtliche Optionen zur Veränderung von Schrift und Farbe auszunutzen. Bedenken Sie jedoch: Wenn Sie jedes Bild mit Über- und Unterschrift in unterschiedlichen Farben versehen, werden Ihre Bilder kaum noch wirken! Wenden Sie die Effekte also sparsam an, damit die Schrift nicht wichtiger wird als das Bild selbst.

11 Sind Sie mit den vorgenommenen Einstellungen zufrieden, können Sie sich das Ergebnis auch direkt ansehen. Klicken Sie dazu unter dem Vorschaufenster auf den Startknopf.

Daraufhin wird die Diaschau genauso abgespielt, wie sie hinterher von der CD aus angesehen werden kann.

12 Selbst in diesem Stadium können Sie übrigens bei Bedarf noch Änderungen vornehmen. Wiederholen Sie dazu einfach die entsprechenden Schritte dieses Abschnitts. Wenn alles Ihren Vorstellungen entspricht, klicken Sie auf

.

13 Im nachfolgenden Fenster wird das Bild, das Sie soeben bearbeitet haben, noch einmal angezeigt.

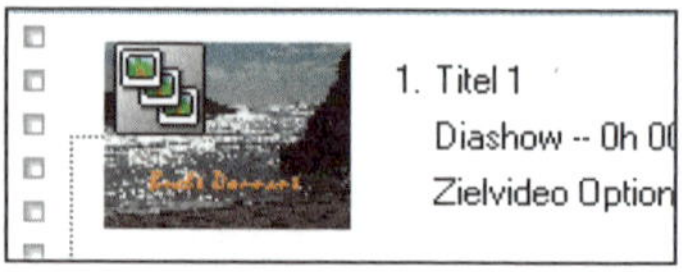

Sie können nun weitere Kapitel mit anderen Bildern für Ihre Diaschau zusammenstellen. Klicken Sie dazu erneut auf die Schaltfläche

.

14 Wiederholen Sie dann die Schritte 1 bis 11 dieses Abschnitts mit den zusätzlichen Bildern. Dieser Teil wird dann als neues Kapitel ebenfalls angezeigt.

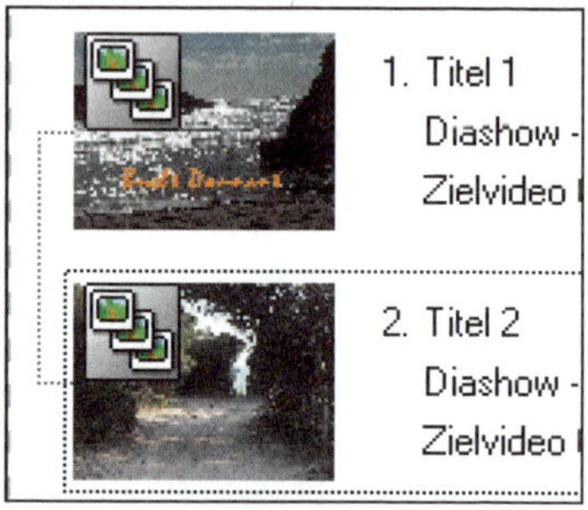

Haben Sie auf diese Weise Ihre Kapitel zusammen, klicken Sie auf

.

Das Menü für die Diaschau

Mit Nero Vision Express läßt sich eine Diaschau so einrichten, daß Sie sie mit der Fernbedienung Ihres DVD-Players steuern können. Dazu müssen Sie nur noch das entsprechende Menü anlegen. Dies ist nicht weiter schwer, da Sie sich an der Schrittabfolge im Abschnitt „Das Menü für die VCD/SVCD" ab Seite 78 orientieren können.

1 Um das Bearbeitungsfenster aufzurufen, klicken Sie einmal in das Vorschaufenster .

2 Im geöffneten Bearbeitungsfenster entscheiden Sie sich dann per Klick auf erstmal für die Grundstruktur Ihres Menüs.

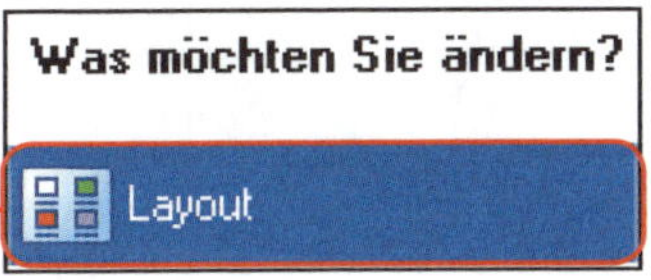

Falls Sie die einzelnen Kapitel jeweils mit einer Überschrift versehen möchten, wählen Sie beispielsweise das sechste Layout aus.

Sie können im Vorschaufenster sofort sehen, wie diese Einstellung wirkt.

3 Damit Sie die Kapitelüberschriften ändern können, klicken Sie doppelt auf die jeweils vorgegebene Überschrift ,

tippen dann den gewünschten Text ein

und klicken schließlich auf die Schaltfläche

.

Auch hier sehen Sie umgehend das Ergebnis.

Ändern Sie auf die gleiche Weise auch die anderen Kapitelüberschriften.

4 Bei den einzelnen Kapiteln wird jeweils das erste Bild angezeigt. Für das Menü können Sie jedoch auch ein anderes Foto auswählen. Klicken Sie dazu neben dem Textfeld für die neue Überschrift auf das rechte Symbol für ein Menübild ●,

und wählen Sie per Doppelklick ein Bild aus, im Beispiel ●.

Nach einem Mausklick auf

taucht auch dieses Bild sofort im Menü auf.

Wiederholen Sie diesen Vorgang bei Bedarf für alle anderen Kapitel.

5 Den Titel für die ganze Diaschau können Sie natürlich auch ändern. Klicken Sie dazu auf den Eintrag

,

und tragen Sie in das Textfeld einen passenden Titel für Ihre Diaschau ein, etwa ●.

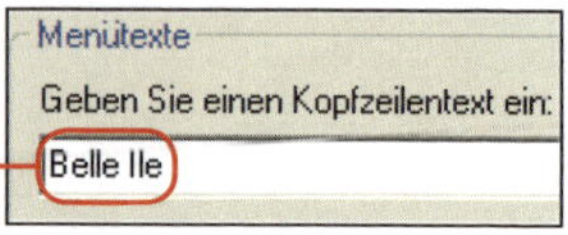

Dieser erscheint dann ebenfalls automatisch im Vorschaubild.

6 Möchten Sie einen anderen Hintergrund für Ihr Menü? Nichts leichter als das. Klicken Sie auf den Eintrag

,

und wählen Sie aus der dann geöffneten Liste per Doppelklick ein passendes Bild aus. ●

> **! Daumenkino statt Mausklick**
>
> Die angezeigte „Fernbedienung" läßt sich genauso benutzen wie eine normale Fernbedienung für das DVD-Abspielgerät. Nur daß Sie bei dieser elektronischen Fernbedienung die Schalter per Mausklick „drücken".

Auch diese Änderung können Sie direkt im Vorschaufenster betrachten.

Wenn alles Ihren Vorstellungen entspricht, klicken Sie auf

.

7 Anschließend können Sie sich Ihre Diaschau ansehen. Dazu nutzen Sie die auf dem Bildschirm angezeigte Fernbedienung.

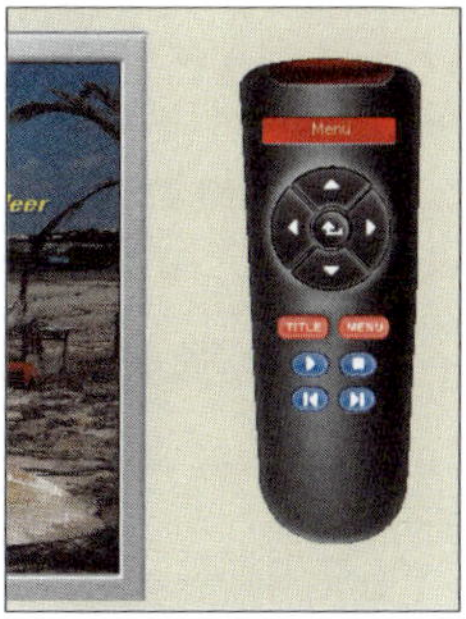

8 Sollten Sie mit dem Ergebnis *nicht* zufrieden sein, klicken Sie auf die Schaltfläche

und ändern die Einstellungen. Andernfalls können Sie Ihre Diaschau auf CD brennen. Klicken Sie dazu wieder auf

.

Die Diaschau als Video-CD brennen

Wenn Nero eine Diaschau als **VCD** brennt, kann diese in jedem handelsüblichen DVD-Abspielgerät verwendet werden. Dazu muß das Programm die Dateien nur umwandeln. Die Einstellungen nimmt das Programm jedoch automatisch vor, so daß sich Ihr Arbeitseinsatz in Grenzen hält.

1 Im Brennerfenster geht es eigentlich nur noch darum zu überprüfen, ob alle Einstellungen stimmen. Dazu klikken Sie als erstes auf der rechten Seite des Fensters auf den Eintrag

und in der aufgeklappten Liste auf Ihr Brennermodell, im Beispiel ●.

Wenn Sie übrigens auf den darunter folgenden Eintrag

klicken, können Sie auf Wunsch noch den Namen für Ihre CD ändern. ●

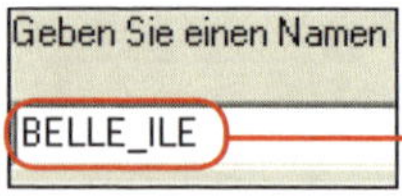

2 Nach einem Mausklick auf den letzten Eintrag

werden Sie sehen, daß Nero die optimalen Einstellungen bereits vorgenommen hat.

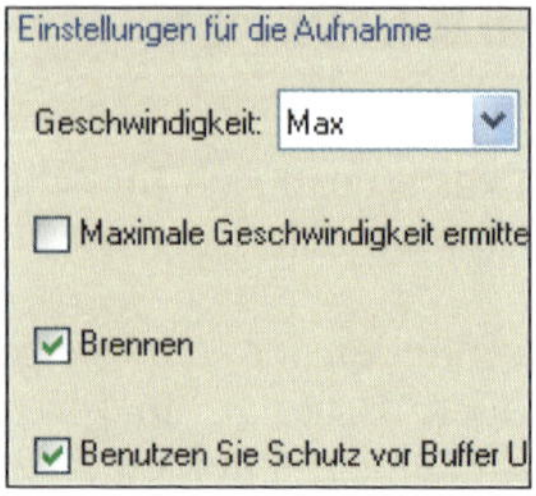

Verändern Sie also nichts, und klicken Sie direkt auf die Schaltfläche

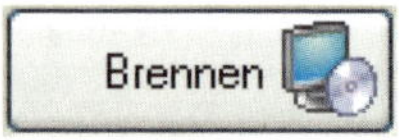

.

3 Daraufhin wandelt das Programm die Dateien automatisch für die VCD um.

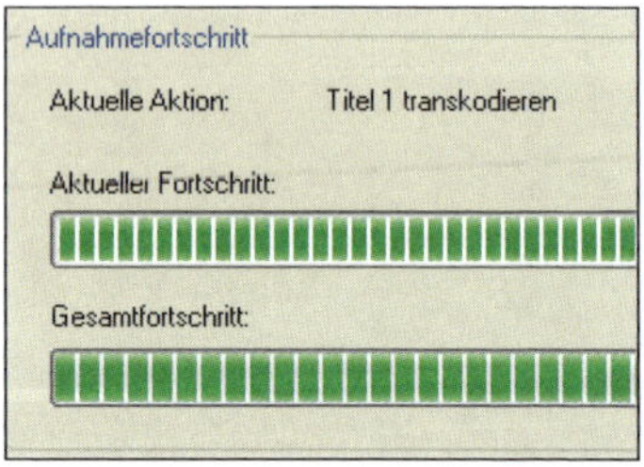

Wenn der Vorgang abgeschlossen ist, werden Sie dazu aufgefordert, einen Rohling einzulegen.

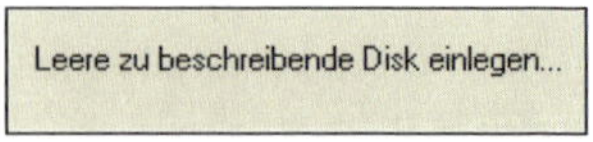

4 Tun Sie dies, und schließen Sie die Brennerschublade. Nero brennt nun die CD und informiert Sie, sobald der Prozeß beendet ist. Da die Protokolldatei, nach der im Hinweisfenster noch gefragt wird, ziemlich überflüssig ist, können Sie die Meldung getrost per Klick auf ● beantworten.

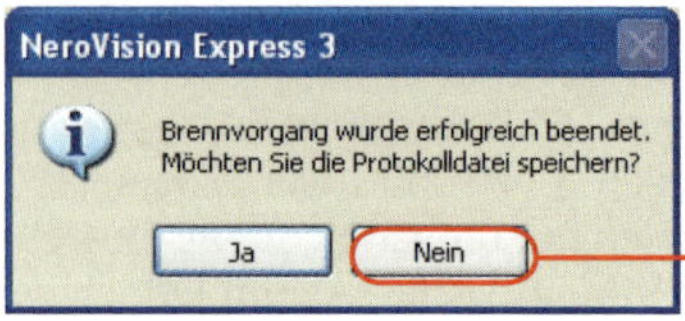

Damit haben Sie Ihre Diaschau als Video-CD gebrannt und können sie künftig per DVD-Player am Fernsehgerät betrachten.

5 Zum Schluß beenden Sie Nero Vision Express mit einem Mausklick auf die Schaltfläche

.

Dann möchte das Programm von Ihnen noch wissen, ob Sie die gleiche Diaschau noch einmal brennen wollen. Wenn nicht, klicken Sie einfach auf ●.

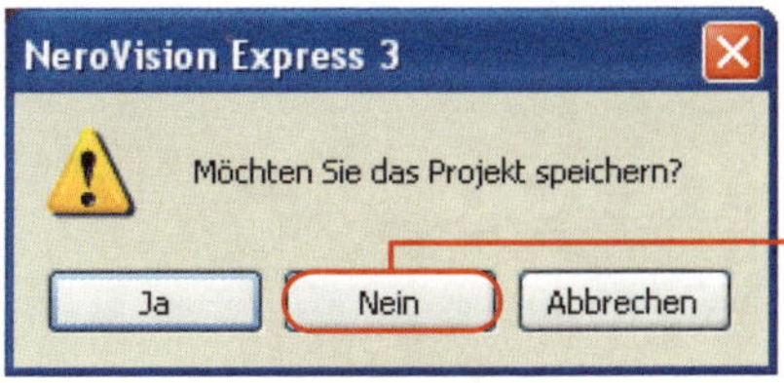

Was ist eigentlich ...?

Assistent

Viele Windows-Programme enthalten kleine Hilfsprogramme, mit deren Unterstützung Sie Programme oder Geräte sehr leicht installieren können.

AVI

Das Videoformat wurde von Microsoft für kleinere Videofilme entwickelt. AVI („**A**udio **V**ideo **I**nterleave") bedeutet, daß Video und Ton zusammen („interleaved") in einer Datei gespeichert werden. Diese Dateien können am Computer, aber nicht auf jedem DVD-Player angesehen werden.

Bildlaufleiste

Sobald sich der Inhalt eines Fensters nicht mehr vollständig darstellen läßt, werden am rechten und/oder unteren Bildschirmrand des Fensters Bildlaufleisten eingeblendet. Wenn Sie auf die äußeren Pfeile der Bildlaufleiste klicken, verschieben Sie den Inhalt des Fensters zeilenweise. Um den

Was ist eigentlich ...?

Inhalt des Fensters in größerem Maße zu verschieben, klicken Sie auf das Rechteck, halten die Maustaste gedrückt und ziehen das Rechteck so lange, bis Sie die gewünschte Textstelle sehen.

CD-ROM

CDs („**C**ompact **D**iscs") sind Kunststoffscheiben, auf denen Daten gespeichert sind.

CD-ROMs können nur gelesen werden. Die Abkürzung „ROM" steht für „**R**ead **O**nly **M**emory", was bedeutet, daß die Daten nur gelesen, aber nicht verändert werden können.

CD-ROM-Laufwerk

Um eine CD-ROM am Rechner abspielen zu können, ist ein sogenanntes CD-ROM-Laufwerk nötig, in das die CD-ROMs eingelegt werden.

Was ist eigentlich ...?

Codec
Damit Videodateien auf eine CD oder → DVD passen, müssen die Daten meist komprimiert werden. Für die Komprimierung gibt es unterschiedliche Verfahren, bei denen die entsprechenden Codecs zum Einsatz kommen. Diese verringern die Datenmenge und stellen bei Wiedergabe der Filmdateien die Informationen wieder her, so daß kaum ein Unterschied sichtbar wird.

Cursor-Tasten
Mit den Cursor- oder Pfeiltasten bewegen Sie die Einfügemarke beziehungsweise die Schreibmarke. Die Cursor-Tasten befinden sich rechts neben dem normalen Tastaturfeld, das dem einer Schreibmaschine gleicht.

Dateimanager
Mit dem Dateimanager (Windows Explorer) erhalten Sie Zugriff auf Ordner und Dateien auf der → Festplatte oder anderen Speichermedien Ihres Computers. Mit dem Dateimanager können Sie zum Beispiel Ordner und Dateien kopieren oder löschen.

Datenbank
Eine Datenbank ist eine Datei, in der unterschiedliche Informationen

Was ist eigentlich ...?

gespeichert werden. So kann beispielsweise die Musikdatenbank von Nero Titel und Interpreten von vielen Musik-CDs speichern. Und diese Informationen können dann beim Abspielen im „Media Player" angezeigt werden.

DVD
DVD steht für „**D**igital **V**ersatile **D**isc" („versatile" = vielseitig). Die DVD sieht genauso aus wie eine normale CD, hat allerdings den Vorteil, daß auf ihr weit mehr Daten gespeichert werden können. Während auf eine CD ungefähr 700 → Megabyte an Daten passen, kann eine DVD mehr als 8 Gigabyte speichern.

Festplatte
Auf der Festplatte werden alle Programme und Dateien Ihres Rechners gespeichert.

Eine Festplatte besteht aus mehreren magnetisierten Scheiben, die sich sehr schnell drehen. Dadurch können die Daten auch sehr rasch gelesen werden.

Was ist eigentlich ...?

Gespeicherte Daten (Bilder, Texte usw.) bleiben auch nach dem Ausschalten des Rechners auf den Festplatten erhalten.

Filter
Bei Musikdateien werden mit den sogenannten Audiofiltern störende Geräusche wie Knistern, Rumpeln und Kratzen beseitigt.

Gigabyte
→ Megabyte

Icon
Ein Icon ist eine kleine Grafik beziehungsweise ein grafisches Symbol für ein Programm, einen Ordner oder eine Datei.

Für jedes Programm oder die zum Programm gehörenden Dateien gibt es das entsprechende Symbol.

Komprimieren
Das Komprimieren ist ein Verfahren, um Speicherplatz zu sparen oder die Übertragungsdauer zu verkürzen. Dabei werden lange Folgen gleicher Zeichen durch kurze Folgen ersetzt: So macht der Computer zum Beispiel aus fünf aufeinander folgenden „A“ die Angabe „5A“ und überträgt nur diese Kurzinformation. Allerdings lassen sich nicht alle Daten gleich gut komprimieren.Fotos zum Beispiel können gut „verdichtet“ werden, Programme dagegen weniger gut.

Was ist eigentlich ...?

Megabyte
Die Größe von Computer-Daten wird in Byte gemessen. 1024 Byte sind 1 Kilobyte (KB),

1024 KB sind 1 Megabyte (MB), und 1024 MB entsprechen 1 Gigabyte (GB).

Menüleiste
Die Menüleiste befindet sich unterhalb der Titelleiste eines Programms. In den Menüs sind Befehle und Funktionen zumeist thematisch sortiert aufgeführt.

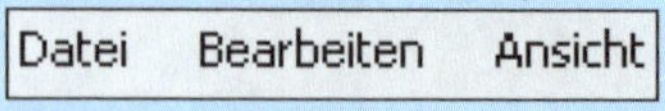

Microdrive
Diese winzigen Festplatten sind so groß wie Compact-Flash-Karten und fassen mittlerweile mehrere Gigabyte Daten. Die Minifestplatten werden in hochwertigen Digital- und Videokameras verwendet.

MP3
Ist der Name eines Komprimierungsverfahrens, mit dem Musikdateien komprimiert werden, so daß mehr Musikdateien auf eine CD oder ein

Was ist eigentlich ...?

MP3-Abspielgerät passen, ohne daß die Qualität hörbar leidet. Die Musikdateien einer Musik-CD werden mit diesem Verfahren auf 10 Prozent der ursprünglichen Größe komprimiert.

MPEG

Die Abkürzung steht für „**M**oving **P**icture **E**xpert **G**roup". Die Experten dieser Gruppe legen die Formate für Filme, Videos und Musik fest, in denen diese digital gespeichert werden. Das Format MPEG1 ist das Format für die Video-CD (→ VCD), MPEG2 für die Super-Video-CD (→ SVCD und → DVD). MPEG 4 ist das Format der Xvid- und DivX-Dateien. Und → MP3 ist ein Format, in dem Musikdateien gespeichert werden.

Nero

Nero Claudius Cäsar war römischer Kaiser. Ihm wurde nachgesagt, daß er die Stadt Rom in Brand gesteckt hätte. Deshalb auch das Symbol des Brennprogramms (Kolosseum in Rom):

Ordner

Daten- und Programmverzeichnisse werden bei Windows XP Ordner genannt. In diesen Ordnern werden Dateien und Programme sortiert gespeichert.

Was ist eigentlich ...?

PC-Karte

Die sogenannte PC-Card ist eine kleine Speicherkarte, auf der bei Digitalkameras die Bilder gespeichert werden. Die PC- oder Flash-Karte gibt es in unterschiedlichen Speichergrößen.

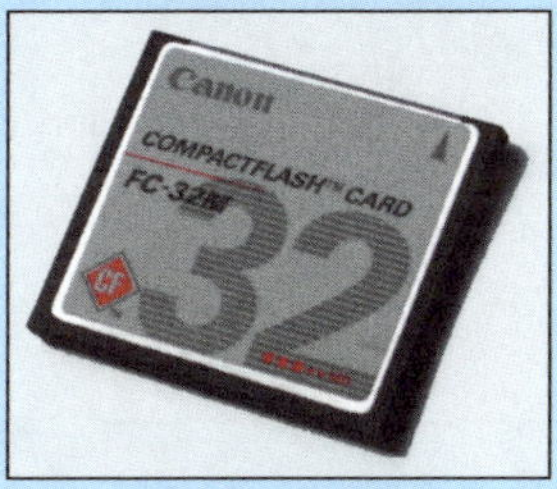

Registerkarten

Registerkarten sind Programmfenster, die wie Karteikarten angeordnet sind. In diesen Registerkarten eines Dialogfensters finden Sie thematisch sortiert Einstellungen oder Befehle einer Funktion. Per Klick auf einen Registerreiter wechseln Sie in die entsprechende Registerkarte.

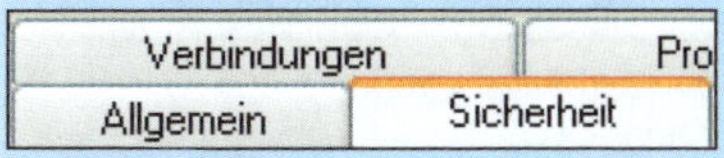

Rohling

Ein Rohling ist eine CD/DVD, die noch nicht beschrieben ist. Die CD kann mit

Was ist eigentlich ...?

einem sogenannten Brenner beschrieben (gebrannt) werden. Für die DVD muß ein DVD-Brenner verwendet werden.

Rollbalken
→ Bildlaufleiste

Speicherkarten
Auf Speicherkarten werden auf kleinem Raum die Daten von Digitalkameras, Musik-Abspielgeräten oder auch Mobiltelefonen gespeichert.

SVCD
Die „**S**uper-**V**ideo-**CD**" ist eine Video-CD (→ VCD) mit einer besseren Bildqualität. Wie eine normale Video-CD kann die SVCD mit einem normalen DVD-Player auch am Fernseher abgespielt und angesehen werden. Bedingt durch die höhere Qualität des Bildes paßt jedoch weniger Film auf einen Standard-Rohling, so daß Sie bei ganzen Spielfilmen meist zwei Rohlinge benötigen.

Symbol
→ Icon

Was ist eigentlich ...?

Symbolleiste
Symbolleisten fassen Symbole zusammen, mit denen auf Mausklick Menüs geöffnet oder Befehle ausgeführt werden können.

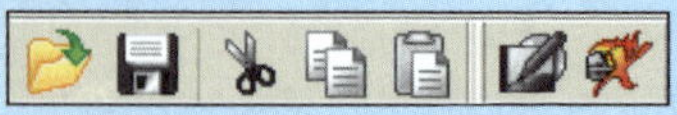

Track
Ein Track (= „Spur") stellt eine Datei auf einer CD dar. Bei einer Musik-CD ist jeder Musiktitel ein Track. Es können 99 einzelne Tracks gespeichert werden. Eine CD kann jedoch auch mit einem einzigen großen Track belegt sein.

USB
Der USB (= „**U**niversal **S**erial **B**us") ist eine serielle Schnittstelle beziehungsweise Anschlußform, über die Digitalkameras, Scanner, Drucker und andere Geräte mit dem Rechner verbunden werden. Dafür gibt es Kabel mit genormten Steckern,

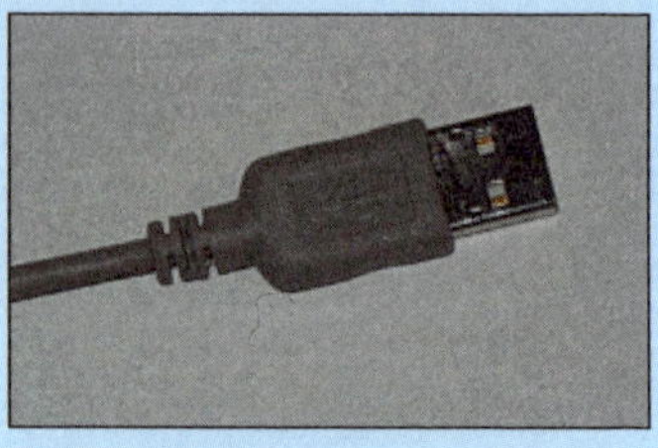

die in die entsprechende Anschlußbuchse des Rechners gesteckt werden.

Was ist eigentlich ...?

VCD
Die sogenannte **V**ideo-**CD** ist ein Format, in dem Videofilme auf eine CD gebrannt werden. Diese Video-CDs können dann in normalen DVD-Abspielgeräten verwendet werden. Auf einer Video-CD werden die Daten so untergebracht, daß mehr Daten als im Normalfall auf die CD passen. So läßt sich in diesem Format ein vollständiger Videofilm von mehr als 70 Minuten Laufzeit auf eine CD kopieren.

Viren
Viren sind kleine Programme, die zum Beispiel per E-Mail auf den Computer gelangen und dort Schaden anrichten können.

WAV
WAV ist ein Dateiformat, in dem Musikdateien gespeichert werden. WAV-Dateien sind nicht verkleinert, so daß bei der Speicherung eines Musikstücks keine Qualitätsverluste auftreten.

WMV
Das „**W**indows **M**edia **V**ideo"-Format ist das Video-Dateiformat von Microsoft. Es umfaßt mehrere Audio- und Video- → Codecs, damit die Videodateien mit dem entsprechenden Abspielprogramm, dem Windows Media Player, angesehen werden können.

Stichwortverzeichnis

Originalausgabe im Ullstein Taschenbuch
3. Auflage 2006

E-Mail: buecher@computerbild.de
Umschlagkonzept: Buch und Werbung GmbH, Berlin
Umschlaggestaltung: Volkmar Schwengle/BuW, Berlin
Titelabbildung: Corbis
Satz und Repro: LVD GmbH, Berlin
Druck und Weiterverarbeitung: Ebner & Spiegel, Ulm
Printed in Germany
ISBN-13: 978-3-548-41228-3
ISBN-10: 3-548-41228-9